외식사업, 이것만 알면 사방천지 돈이다

외식사업, 이것만 알면 사방천지 돈이다

초판 1쇄 인쇄일	2017년 8월 23일
초판 1쇄 발행일	2017년 8월 30일

지은이	차길제
펴낸이	최길주

펴낸곳	도서출판 BG북갤러리
등록일자	2003년 11월 5일(제318-2003-000130호)
주소	서울시 영등포구 국회대로72길 6, 405호(여의도동, 아크로폴리스)
전화	02)761-7005(代)
팩스	02)761-7995
홈페이지	http://www.bookgallery.co.kr
E-mail	cgjpower@hanmail.net

ⓒ 차길제, 2017

ISBN 978-89-6495-104-0 03320

이 도서의 국립중앙도서관 출판시도서목록(CIP)은 e-CIP홈페이지(http://www.nl.go.kr/ecip)
와 국가자료공동목록시스템(http://www.nl.go.kr/kolisnet)에서 이용하실 수 있습니다.
(CIP제어번호 : CIP2017020894)

외식사업,
이것만 알면
사방천지 돈이다

─ 창업의 성공과 실패

차길제 지음

B|G 북갤러리

현재 우리나라
자영업 기상도는…

우리나라의 자영업 기상도를 대략적으로 살펴보면 다음과 같다.

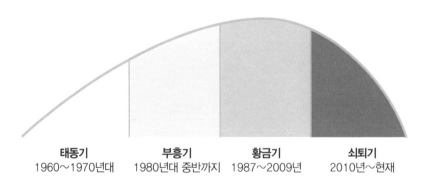

태동기	부흥기	황금기	쇠퇴기
1960~1970년대	1980년대 중반까지	1987~2009년	2010년~현재

자영업 태동기인 1960~1970년대는 먹고 살고 장사의 기반을 잡던 시기였고, 자영업 부흥기인 1970년대 후반부터 1980년대 중반

까지는 열심히 하면 되는 시기였다. 자영업의 황금기라고 할 수 있는 1987년부터 2009년까지는 남다른 전략을 가진 사람들이 대박을 치던 시대였다. 현재는 2010년 이후 쇠퇴기에 접어들었다. 생각대로 절대 안 되는 시대로, 모든 게 열악하고 경쟁은 치열하고 아무리 노력해도 먹을 게 없는 '자영업 공화국'이다. 이제는 완전 무장을 갖춘 최고의 전략가만 살아남아 한 지역을 독점하고 여기저기서 백만장자가 쉽게 생겨나고 영웅이 된다.

지금 대한민국은 외식사업을 포함한 자영업 공화국으로서 창업하는 순간부터 잠 못 드는 고민 속으로 들어가 깊은 늪지대에 한쪽 발부터 시작해 몸통까지 서서히 빠져드는 형국이다. 80%는 빠져나오지 못하고 자멸하는 구조이고, 절대 전략을 가진 자 10%만 살아남고 그중 승자 5%만 독식하는 시대다. 미안한 말이지만 아무리 많이 배우고 지인이 많고 똑똑한 분이라도 처음 외식사업에 발을 들이는 분은 이 분야에서만큼은 갓 태어난 신생아 수준이라 생각하면 정답이다.

'아니야, 나는 달라. 많이도 다녀보고 철저히 준비했어.'

다들 이런 생각으로 덤비겠지만 막상 장사해보면 현실은 완전 딴판이다. 정신을 차렸을 때는 이미 후회의 피눈물을 흘리며 쪽박을 차고 있을 것이다.

앞으로 창업을 계획하시는 분들에게 간곡히 말씀드리는데, 대한민국 프랜차이즈 가맹점은 믿지 마시길 바란다. 이제는 안 된다. 10개 출점하면 7~8개는 얼마 못 가 소리 없이 다 죽는다. 이러한 사실은 최근 신문이나 방송에 보도되는 내용만 봐도 쉽게 확인할 수 있다. 보도되는 내용에 따르면, 프랜차이즈 창업이 최근 과도한 경쟁으로 인해 '폐점 러시'를 이루고 있는데, 하루 평균 114개가 열고 그중 66개가 문을 닫는다고 한다. 이는 매출을 올려도 임대료와 수수료를 제하면 가맹점주에게 남는 것이 거의 없기 때문으로 프랜차이즈는 결국 본사만 배불리는 구조라는 것이 각종 보도 내용의 핵심이다. 결국 체인점 설명회에 갔다가 혹하여 계약하는 순간 인생은 거덜 나게 된다.

지금 외식사업은 철저하게 되는 집만 되는 쏠림현상이 일어나고 있다. 냉정히 현재 우리나라 자영업 기상도를 바라보면 태평양의 거친 바다와 같다. 항해술을 익히지 않고 출항하면 반드시 난파당한다. 완벽하게 공부하지 않고 빨리 돈 벌고 싶은 생각으로 위험 관리가 안 된 상태에서 시작하는 장사는 운 좋게 작은 성공은 할 수는 있지만 예외 없이 어느 날 보면 어떻게 해볼 수 없는 한심한 가게가 된다. 자영업 홍수 시대, 창업 성공률 10%밖에 안 되는 창업자의 길. 의사를 하려면 10년간 억대의 교육비와 시간을 투자한 후 전문의로 활동을 시작하고, 자동차 운전도 면허증을 따야 운전을 할 수 있듯이 창업도 그래야 하지 않을까. 생명과 같은 전 재산을 투자하고 온 가족이 투입되어 온 몸으로 올인 하는데 잘못되면 끔찍한 일이다.

외식사업에서 유명한 맛집으로 성공할 수 있는 유일한 방법은 남과 다른 장사 방식, 확실한 경영의 비밀을 알고 이를 실행하는 것이다. 아주 중요한 것 또 하나는 상가입지다. 70~80%는 아무리 노력해도 실패의 길로 가게 되고, 성공할 자리는 따로 있다. 1시간만 돌아다녀 봐도 우리 눈앞에 바로 보인다. 그래서 장사를 생각하는 분은 평소 지도 공부를 많이 하길 바란다. 지도는 바둑판과 같은 것이다. 상권의 흐름이 바뀌기 때문에 어디에 수를 놓느냐에 따라 인생이 달라진다.

생활 속에서 남들이 발견 못한 아주 작은 것들도 지나치지 말고 다른 생각으로 또 다른 가치를 찾고 다시 생각해보는 버릇을 몸에 들이는 것이 중요하다. 이러한 습관이 바로 창업자의 부자 되는 길이다. 부(富)는 준비한 자에게 돌아간다는 사실을 명심하길 바란다.

2017년 8월
차길제

차례

제 2 장

돈이 보이는 실전 외식 창업 : 마인드편

제3장

돈이 보이는 실전 외식 창업 : 기술편

제4장

돈이 보이는 실전 외식 창업 : 투자편

제1장
성공과 실패, 나의 창업 시대

 모든 것을 직접 체험하고 느끼는 것보다 좋은 공부는 없다. 그러나 모든 것을 직접 경험하기엔 시간도 돈도 부족하다. 게다가 제대로 알지 못하고 무작정 뛰어드는 것은 기름통을 짊어지고 불 속으로 뛰어드는 것과 다를 바 없다. 그만큼 리스크가 크다는 말이다.

 전투장 같은 창업의 세계에서 성공하려면 최대한 리스크를 줄이는 방법을 연구해야 하고, 그러기 위해서는 많은 공부가 필요하다. 누군가의 성공과 실패의 경험담을 듣는 일은 그 공부의 좋은 첫 시작이 될 것이다. 필자의 이야기가 그런 의미에서 유용할 자양분이 되리라 생각한다.

한바탕 큰 장사를 꿈꾸는 예비창업자라면 천하제일의 전략가 한신(韓信)의 앞날을 내다본 괴철(蒯徹)의 괴짜 같은 안목을 키워야 한다.

물론 성공과 실패담을 통해 창업 노하우의 진액을 흡수하고 자신의 무기로 만드는 일은 본인 스스로 할 일이다. 밥상은 차려놨지만 떠먹여주기까지 할 수는 없는 노릇이다. 배불리 먹고 멋진 도전하길 바란다.

- 나는 누구인가?

오늘도 난 아침 산책을 즐긴 후 매일 밥을 먹듯 38년째 헬스로 하루를 시작한다.

나를 한 마디로 정의하자면 '호기심 천국'이다. 나 스스로가 연구 대상인 사람이다. 잠들기 전 내일이 궁금한 사람이고, 생각만 해도 가슴 뛰는 상상을 즐긴다. 나는 또 다른 도전을 즐기고 재미있는 장사 연구에 몰입한다. 나에게는 아직 미친 아이디어가 많이 있고 기회가 되면 그 일을 할 것이다. 지금은 새로운 외식 창업 아카데미를 운영 중이다.

나는 눈앞의 이익을 좇지 않고 한 번 선택한 일에 대해 뒤돌아보지 않는다. 어느 날 갑자기 내 인생이 이렇게 끝날 것이 아니기 때문이다. 지난 6년간 전국에 있는 '대박가게' 탐방과 '좋은 땅 찾아 삼만 리'를 하면서 지냈다. 그 시간들이 내게는 꿀맛같이 달달한 휴식의 시간이었다. 그렇게 멋지게 놀아도 보았으니 이제 더 높은 곳으로 부활할 때다.

정답 없는 인생길, 나는 그 살아가는 방법을 세상 누구보다도 잘 안다고 생각한다. 사람 한 명 없는 허허벌판 산골에서도 장사를 잘할 수 있다고 자신한다. 나의 성장동력은 뜨거운 열정, 그리고 수많은 경험이다. 그래서 나는 웃는다. 바보들, 이 무지렁이도 잘 사는데 왜 저렇게 장사를 할까?

나는 스스로를 고급인력이라고 생각한다. 내 주변 사람들에게 "나의 하루 일당은 300만 원이야."라고 말하곤 한다. 나의 가치가 대기업의 CEO 정도는 되어야 한다는 취지로 하는 말이다. 늘 장사에 관해서는 대한민국 역사상 가장 뛰어난 전략을 가졌다고 자평한다. 아마 먼 옛날에 태어났으면 제갈공명과 견줄 수 있지 않을까? 그런 자신감이 지금의 나를 만들었다.

나는 주식 매도를 참 잘하고 땅과 집, 식당 가게 매도는 귀신 같이 한다. 즉, 무엇이든 흥정을 시원시원하게 처리할 줄 안다. 틈나는 대로 내가 그리는 상상 속 땅을 찾아 지도 공부를 하고 전국의 여러 지역을 답사한다. 이런 나에게도 사업에서 실패를 맛봤던 시절이 있었다. 지금부터 그 시절의 이야기를 해볼까 한다. 무엇이 성공을 만들고, 무엇이 실패를 만드는지 여러분에게 좋은 본보기가 되길 바란다.

- 나의 사업 도전기, 무엇을 버리고 얻을 것인가

내가 책을 쓰는 것도 사건이요, 도전이다. 나의 신념은 '사람은 무엇이든 할 수 있다'라는 것이다. 나는 장담한다. 창업 후 6개월 내에 무조건 많은 손님을 줄 세울 수 있다고. 이렇게 얘기하면 의심의 눈초리를 보이는 사람들이 있다. 내가 한 사업 중에 실패한 것도 많기 때문이다. 그러나 실패가 그냥 실패가 아니다. 그런 실패의 경험을 통해 나는 성공과 실패의 법칙을 배웠다. 그래서 지금의 나는 안다. 가게가 왜 잘되고, 왜 안 되는지. 간판의 글자만 보고도, 또한 메뉴판과 경영주의 얼굴만 봐도 현재 그 가게의 사정이 한눈에 보인다.

17세에 처음 상경한 내가 21세에 첫 창업한 이래 최근까지 했던 사업의 내용과 그 결과를 요약하면 다음과 같다.

성동구 자양동에서 지물포 창업(성공) → 구의동 성동구청 건너편으로 지물포 확장 이전, 구의시장 앞과 구의동 입구에 지물 3, 4호 연속 오픈(성공) → 성수역 주변에서 당구장 창업(실패) → 방배동에서 지물포 창업(실패) → 대구 성당주공아파트 앞에서 지물커튼 창업(평년작) → 석계역에서 이발관 경영(실패) → 태릉 묵동시장 내 과일가게 창업(실패) → 쌍문동 커튼 가게 창업(기회) → 광명시 철산리 지물커튼 가게 창업(기회) → 구로상가 니스칠 가게 창업(기회) → 이동부동산 창업(성공 후 실패) → 대림 역세권 도배학원 창업(大성공) → 구로, 대구, 부산 등 4곳 도배학원 연속 창업(대박) → 학원사업으로 번 돈 몽땅 주식으로 날림(쪽박) → 산수화, 인물화 등 그림 학원 창업(실패) → 소품 부업 교육 창업(실패) → 구로 주공에서 정육점 창업(실패) → 일산신도시 횟집 창업(大성공) → 주엽 역세권 냉면집 창업(성공) → 일산에서 설렁탕 & 해장국집 1, 2, 3호 연속 창업(大성공) → 고양 화정 횟집 창업(기본) → 김포신도시 초입 비빔밥집 창업(실패) → 파주 통일동산 두부집 창업(大성공) → 서귀포 남원 곰탕집 창업(실패) → 경남 사천 면천국 오픈 실패(큰 손실) → 김포 양촌 막국수 창업(포기, 손실) → 덕이동 닭시래기국 & 국수집 진행

* 준비 중인 사업

  창업 아카데미 '밥사랑식당학교(외식사업연구소)'

  석모도 코스카페 & 강화 고구마빵 연구 중

  서귀포 혁신도시 인근에서 '코스 만두, 냉면의 세계'를 선보이기 위해 준비 중

 무엇이 나의 성공과 실패를 갈랐을까? 이것만 봐서는 아직 무엇이 성공과 실패를 가른 요인인지 잘 모를 것이다. 그렇다면 이제부터 구체적인 이야기를 풀어보도록 하겠다.

 그런데 그 전에 한 가지 짚고 넘어갈 것이 있다. 창업을 하는 데 있어서 돈이 전부는 아니라는 사실이다. 중요한 것은 하고자 할 때의 타이밍과 혁명적인 전략, 그리고 아이디어 싸움이다. 가진 건 건강한 몸과 목숨 걸고라도 꼭 성공해야 한다는 정신무장뿐이다. 사실 창업에 처음 도전하면 누구나 불안하고 어렵다. 하지만 위험하고 불안하다고 실행하지 않는다면 아무것도 얻지 못하게 되고, 아무리 세월이 가도 똑같은 삶에서 벗어나지 못한 채 멈추게 된다. 사람은 실패를 한 만큼 성공도 한다. 창업 실패를 두려워하지 마라.

- 21세에 첫 창업, 성공과 실패의 여정이 시작되다

예측할 수 없는 여정 속 나의 이야기를 풀어놓을까 한다. 나의 어린 시절은 학교 가는 날보다 산에 가서 나무 해오는 날이 더 많았던 것 같다. 어려운 형편에 제대로 배우지도 못한 나는 17세에 무작정 서울로 상경했다. 내가 처음 본 서울은 잠실 일대가 모래언덕 동산으로 이루어져 있고, 방배동과 사당동 등은 작은 산동네였다. 자양동 일대는 들판이고 여의도도 작은 모래섬이었다.

당시 갈 곳도 없고 돈도 한 푼 없었던 나는 사당동에 있는 주유소에 첫 취직을 했다. 거기서 주는 쌀밥이 어찌나 맛있던지. 그 후 중국집, 여관, 섬유공장, 한의원, 양복점, 횟집, 야식집 등에서 일하고 나중에는 도배 일을 배우면서 근면과 성실, 부지런함을 인정받았다. 그 당시 우이동, 수유리, 장위동 등 서울 시내 어디든 자전거를 타고 다니며 열심히 노력했다.

그리고 내 나이 21세에 방 임대 보증금과 그간 번 돈 90만 원을 탈탈 털어 성동구 자양동에 지물포를 열었다. 나의 첫 창업이었다. 5평 정도의 가게와 방, 그곳에서 직접 견적하고 시공, 판매까지 해서 작지만 나름 알찬 성공을 맛보았다. 첫 창업의 성공을 발판 삼아 2년여 만에 건너편 구의동으로 지물포를 확장 이전하면서 본격적으로 장사꾼의 길로 접어들었다. 이 시기에 나는 매일매일 열정으로 가득했고 무섭게 일했다. 일이 끝난 밤에는 마라톤 연습을 하며 체력을 다졌고, 다음 날 아침에는 아차산에 올라 운동을 하며 활기찬 하루를 시작했다.

세월이 흐르고 27세가 되던 해, 구의시장 앞에 3번째 지물포를 창업하고 결혼도 했다. 그런데 그렇게 승승장구 하던 중 잠시 옆길로 빠져 성수동에 있는 당구장 하나를 인수하게 되었다. 지물포를 판 돈과 그간 번 돈 1,200만 원을 모두 투자했다. 사실 그 돈으로 구의동에 2층 주택을 살까도 생각했다. 대지가 50평 정도로 당시 시세로 2,400만 원 정도였다. 세를 놓고 빚을 좀 내면 충분히 구입이 가능했다. 그러나 결국 나는 당구장을 선택했고, 그때의 잘못된 결정으로 마음고생, 몸 고생이 이만저만이 아니었다. 무엇보다 당구장 사업은 밤 장사, 주말 장사라 내 체질에 맞지가 않았다. 나는 아침형 인간이라 일찍 자고 일찍 일어나 낮 동안 열심히 일하는 것이 맞는데 그게 안 되니까 힘들었다. 당시 성수동은 공장지대라 낮에는 손님이 거의 없고 밤과 주말에만 손님이 몰렸다. 토요일에는 밤샘을 하기도 했는데 새벽에 깜빡 졸기라도 하면 당구를 치던 손님이 돈 안내고 도망가는 경우도 있었다. 종종 싸움도 벌어졌는데, 완력이 없는 나로서는 그런 상황을 도저히 감당할 수가 없었다. 결

국 얼마 못 가 당구장을 헐값에 매도하게 되었다.

　난 지금도 창업을 준비하는 사람들에게 본인의 건강 상태와 적성이 어떤지 물어본다. 사업 성공에 매우 중요한 요소이기 때문이다. 이밖에 가족의 협조는 물론이고 자택과의 거리도 무시할 수 없는 요소다. 또한 하고자 하는 사업의 아이템과 자신의 나이가 잘 맞는지도 봐야 한다. 당구장 사업을 시작할 때 나는 이러한 요소들을 모두 무시했고 그것이 실패의 요인이었다.

- 모르고 무작정 뛰어든 사업, 실패의 쓴맛을 보다

당구장을 접을 무렵, 지인들에게서 방배동과 서초동에 고급주택이 많이 들어서서 지물 장사가 잘된다는 얘기를 들었다. 그중에서도 고향 선배가 하는 가게가 엄청 잘된다는 말을 듣고 '그래, 내가 상대해주마.' 하는 생각이 들었다.

그리하여 방배동 방림시장 앞에 가게를 얻어 다시 지물포 창업을 하게 되었다. 가게를 얻고 준비를 할 때에는 자신감이 하늘을 찔렀다. 도배 기술도 절정기에 있고 장사 수완도 뛰어났다. 오토바이를 타고 다녀서 기동력도 좋은 상태였다. 그런데 막상 뚜껑을 열어 보니 내 예상과는 달랐다. 마주 보고 있는 선배의 가게는 오랫동안 단골로 다져져 있어서 늘 손님이 와글와글했다. 반면에 내 가게는 파리만 날렸다. 나는 엄청난 스트레스를 받았고 의욕도 점점 떨어졌다. 내가 장사의 생리를 너무 몰랐고, 또 무시한 결과였다.

그렇게 방배동 지물포 가게를 창업하고 2년도 안 된 어느 겨울, 대구 성당주공 앞길을 지나다가 홀로 있는 신축상가 하나를 발견했다. 위쪽은 수많은 아파트 단지가 들어서 있고 길 건너에는 작은 종합시장이 있었다. 보자마자 마음이 끌렸다.

'그래, 이 정도면 제대로 한 번 해볼 수 있겠어.'

급한 마음에 바로 계약을 해두고 서울로 돌아와 가게를 급 처분하고 방을 빼서 다시 대구로 내려갔다. 그렇게 '반달종합장식'이라는 간판을 건 것이 1985년 초였다. 가게와 방까지 40평으로 꽤 큰 가게 수준이었다. 그런데 막상 지방에서 장사를 해보니 서울 강남에서 장사를 할 때와 수준 차이가 났다. 솔직히 말해 먹을 것이 하나도 없다는 생각이 들었다. 그래서 매일 바둑으로 소일했다. 1년쯤 지나자 '그래, 이건 아니야. 하루 빨리 서울로 다시 올라가 큰 장사를 해야지.' 하는 생각이 들었다. 여기에 계속 머무르는 건 세월 낭비였다.

그렇게 1년 만에 대구 가게를 팔아치우고 서울 석계역 인근에 싸구려 월세 방을 얻어 입주했다. 가게를 판 돈은 창업자금으로 은행에 넣어두었다. 그러다 이발관을 하는 친구를 만나 수시로 태릉 배밭으로 놀러가서 식사를 하고 바둑을 두며 놀았다. 그런데 그 친구가 내가 창업자금으로 은행에 맡겨둔 돈을 잠시만 빌려달라고 해서 이발관을 담보로 잡고 돈을 빌려주었다. 그것이 큰 패착이었다. 결국 돈을 몽땅 다 날려버렸다. 설상가상으로 담보로 잡은 이발관은 퇴폐영업에 걸려 영업이 취소된 상태였다. 어쩔 수 없이 내가 잠시 이발관을 맡아 불법으로 영업을 했다. 그러다 곧 겁이 나서 가게를 접고 200만 원 정도만 겨우 건졌다. 대구에서 내가 판 가게 자리가 현재 최고 요지로 변해있는 걸 보면 두고두고 아쉽다.

이후 남은 돈으로 묵동시장에서 과일 가게를 창업했다. 그러나 궁여지책으로 연 가게라 애착이 가지 않았다. 그래서 매일 바둑이나 두면서 시간을 보내다가 결국 6개월 만에 가게를 처분했다.

사업이라는 게 참 이상하다. 잘 안다고 생각하는 순간 자만심에 빠져 판단이 흐려지기도 하고 잘 모르고 겁 없이 뛰어들면 여지없이 실패의 순간을 맛보게 된다. 알아도 탈, 몰라도 탈인 게 사업이다. 그러니 쉽지 않다. 매순간 자신이 알거나 모르는 것이 독이 되지는 않을지 생각하고 움직여야 하니까 말이다.

- 부동산 투자에 눈을 뜨다

과일 가게를 접은 후 쌍문역 인근에다 커튼 가게를 창업했다. 그나마 아는 분야라 수익을 내면서 다시 한 번 심기일전할 수 있었다. 그러던 중 뜻하지 않은 기회가 찾아왔다. 커튼 가게를 시작한 지 약 4개월 정도 지냈을 무렵, 손님 한 분이 자기가 광명시에서 커튼 가게를 한다면서 명함을 주고 갔다. 쉬는 날 그분 가게를 구경삼아 찾게 되었는데, 철산리 아파트 숲을 지나는 순간 내가 찾던 곳이 바로 여기라는 생각이 들었다. 그런 생각이 들자 어찌나 흥분이 되던지.

그날부로 그 당시 광명시 최고의 입지인 철산 주공13단지 상가 가게 하나를 계약했다. 몇 번 사업을 망해먹고 이제 겨우 커튼 가게가 자리를 잡던 터라 당장 수중에 돈이 없었다. 그래도 계약은 해야겠기에 부동산 점포 안쪽의 2평을 더부살이로 임대했다. 그리고 즉시 쌍문동 가게 보증금을 뽑아 철산리로 방 1칸을 얻어 이사를 했다. 그렇게 작은 가게에서 지물커튼 샘플만 걸고 장사를 시작했다. 1차로 간단한 홍보물을 만들어 주변 부동산에 쫙 뿌리고 신축 주택 등에 집중 마케팅을 했다. 그 결과 안 놀고 나 혼자 할 수 있을 정도의 일감이 들어왔고 열심히 일하니 하루 6~8만 원 정도의 수익이 났다.

1987년 초까지는 부동산 시장이 아주 힘든 시기였는데, 그해 여름경부터 '아파트 붐'이 슬슬 일어나기 시작했다. 내가 있던 부동산 가게도 하루 종일 손님으로 가득했다. 나는 하루 종일 힘들게 도배 일을 하고 6~8만 원을 벌어오는데 부동산 선배들은 "차 사장, 우리 오늘 하루 200만 원 벌었네." 하고 자랑을 하는 것이다. 이런 날들이 매일매일 이어지니 어느 순간 내 자신이 작아 보이고 일할 맛이 하나도 나지 않았다. 이건 아니다 싶었다.

나도 부동산 일을 할 수 있을 것 같았다. 그래서 지방에 있는 누
나에게 200만 원을 빌려 '떳다방'(이동부동산)을 시작했다. 당시에
하던 지물커튼과 구로아파트 입주 칠 장사 등은 모두 뒷전에 두고
떳다방 사업에 매진했다. 그때도 아파트 3순위 제도가 있어서 한
사람이 50~100만 원씩 여러 채 신청해서 당첨되면 그 자리에서 많
게는 500만 원까지 프리미엄을 받고 팔아치웠다. 아파트 분양하
는 곳은 어디라도 쫓아다니며 치고 빠졌다. 여기에 재개발, 재건축,
임대아파트까지 종횡무진 찍어 돌리는 방식으로 하여 1년 몇 개월
만에 아파트 여러 채를 확보했다.

　부동산 투자의 맛을 본 나는 본업인 지물 사업은 안중에도 없고

오로지 부동산에만 관심을 집중했다. 그렇게 그 일에 미쳐 다니던 중, 부동산 선배들이 "차 사장, 그렇게 하지 말고 이제 땅이 잘 돌아가니 우리 함께 지방 땅에 공동 투자해 제대로 한판 하자."고 하여 보유 아파트 일부를 처분하고 돈을 만들어 땅 매입에 뛰어들었다.

처음에는 수익이 나는 듯했다. 큰 임야 등을 뒷돈도 없이 많이 매수하여 미등기 전매를 할 계획이었다. 그런데 정부에서 부동산 투기 대책이 나와 모든 부동산 거래가 올 스톱되었다. 중도금, 잔금 준비도 전혀 안 된 상태였는데 매수한 땅을 팔지 못하니 꼼짝없이 그 부담을 다 떠안게 되었다. 여기에다 몇 개월 지나 2차 부동산 투기 대책까지 나오는 바람에 약 2년간 부동산으로 쌓아올린 모든 것들이 연쇄적으로 허공으로 날아가 버렸다. 사실 나는 짧은 기간에 부동산 투자의 단맛을 보면서 평생 먹고 살 것을 한방에 다 벌고 말겠다고 생각했었다. 그러나 그런 한방이 그리 호락호락하게 터져주지는 않았다. 다만 나 같은 보통 사람이 이 나라에서 부자가 되는 방법은 부동산밖에 없다는 것을 깨닫게 되었다. 어쨌든 그러한 사실을 알게 되었다는 것은 내 자신에게 큰 플러스였다.

그 이후 지물 가게 등을 모두 정리하고 잠시 백수 생활을 했다. 허탈한 마음을 달래며 땅 투자 관련 서적을 모조리 다 사 보고 경제

관련 신문, 지방지까지 전부 구독하여 집중적으로 공부했다. 그때 신문 정보 등에서 눈에 띄는 것들은 모두 노트에 기록하고 스크랩하여 파일에 모아두었는데 그 수가 100개가 넘었다. 지금도 그 일부인 수십 권은 집에 보관하고 있다. 그리고 내가 내린 답은 대한민국에서는 땅을 가진 사람이 부자라는 것이다. 살아가면서 무조건 땅을 확보하는 것이 부자로 사는 길이다.

- 위대한 발걸음의 시작, 도배학원을 열다

1989~1990년에 5대 신도시인 분당, 일산, 평촌, 산본, 중동 분양이 한창 시작되어 나도 당연히 동참했다. 그간 공부를 많이 해둔 덕에 평촌시범단지에 1채, 철산리에 1채를 받아 계약금만 어렵게 준비해 걸어두었다. 그리고 이제 무엇을 해야 하나 고민하던 중 시골 산행 길에 스치는 생각 하나가 있었다. 그 많은 아파트를 한꺼번에 지으면 내부 도배공사가 엄청 많을 텐데 누가 그 공사를 다 하나? 지물포를 다시 하는 거보다 도배학원을 창업하여 기술자도 배출하고 원장 소리도 한 번 들어보자 싶었다. 나의 엉뚱한 생각이 거기까지 이르니 얼마나 흥분되고 설레던지. 그게

"전문 도배사 배출의 산실"

관인 소리도배학원 차길제 원장

"도배는 건축을 마무리 짓는 최종단계로서 '실내공간을 아름답게 꾸미는 작업'이라고 말할 수 있다. 즉 어떤 특정공간을 사용하고자 하는 용도에 따라 그 쓰임새에 알맞은 분위기를 창출하는 「공간예술」인 것이다.

따라서 도배의 중요성은 매우 높다. 아무리 건축이 튼튼하고 실내 인테리어시설이 완벽하다고 하더라도 분위기에 맞지 않는 벽의 색받이나 장판에 의해 전체적인 이미지가 손상될 가능성이 높기 때문이다.

실제로 주위의 실내공간을 눈여겨 살리보면 도배나 장판이 자시하는 비중이 얼마나 큰가를 쉽게 느낄 수 있을 것이다. 완벽한 도배나 장판은 잘 붙이고 잘 자르는 단순작업에서 그치지 않고 이미 배치된, 또는 배치될 실내 구조물과의 상관관계까지를 면밀히 분석하여 조화를 이루는 무늬나 색을 선택하는 일련의 행위에 대한 종합을 말한다.

이처럼 중요한 역할을 가진 도배를 제대로 따루기 위해서는 충분한 교육시설과 숙련되고 경험이 많은 강사진을 갖춘 학원에서 교육받아야 한다. 그런 점에서 이론과 실기를 병행하면서 현장용으로 실습을 거듭하는 우리 학원이 가장 적격이라고 여긴다."

이는 국내 최초의 도배학원인 소리도배기술학원(Tel. 846-0429·851-4528, 대위프현역 부근)을 열었던 차길제(36) 원장이 도배의 역할과 학원선택의 중요성을 밝힌 내용이다.

차씨는 ▲에끄러운 기술습득 ▲에끗한 메너 ▲친절하고 지극적인 습득 ▲발끔한 뒷처리 ▲동문간의 정보교환과 유대감 형성 ▲기술자료실의 자부심 고취 ▲성인의 재취회과 기술습득 등을 주요 교육지침으로 설정함과 철저한 현장위주의 교육을 시키는 사람으로 알려져 있다.

국내 도배사 배출의 산역사이기도 한 차씨로부터 도배에 관한 전반적인 문제와 교육방법, 도배의 전망, 앞으로의 계획, 개인 프로필 등을 들어본다.

도배인력 확보하려 학원 열어

—도배학원을 열게된 동기, 학원의 규모와 강사진, 수강료, 교육기간, 남녀비율 및 연령층, 배출된원은.

"하루아침에 도배업에 뛰어든 것이 아니라 수년간의 직업적 경험(대양지물포; 구의동→명성지물포; 방배동→반달상업학식; 대구 성당동→현양지물포; 청산리)을 통해 사회의 수요에 대응할 도배인력을 적시적소에 공급할 교육기관이 필요하다고 생각되어 90년 4월 10일 학원을 열었다. 집안이 지물포를 하고 있어 이미 중학교 3학년 때 도배기술을 마칠 정도로 도배와 가까운 주위의 분위기도 영향을 끼쳤다.

실습행수가 35평이고 나와 조성호선생이 주로 교육을 맡고 있다. 교육기간은 성수기(봄·가을)와 비수기(여름·겨울)에 따라 약간의 차이가 있으나 3주를 원칙으로 하며 수강료는 20만원이다.

남녀의 비율은 7:3 정도로 남성이 많으며 수강생의 나이는 20대부터 50대에까지 폭 다

도배인력 확보하려 학원 열어

양하다. 60세 이상의 분들는 무료로 교육한다. 현재까지의 배출인원은 약 1천여명이며 19기까지 교육을 이수했다."

—교육과정, 기술습득이 늦은 수강생에 대한 배려, 수강신청 방법과 준비물, 교육시간과 방법은.

"교육은 오전반(10:00~13:00)과 오후반(14:00~15:00)으로 나누어 실시하는데 수강시간은 개인의 사정에 따라 조절이 자유롭다. 교육은 주로 실기(2시간 30분)에 치중하는데 이론(30분)도 소홀히 하지는 않는다.

이론은 분위에서 자체제작한 교재를 중심으로 벽지·초배지 및 한지·장판·바닥재·부자재의 종류, 시공현장 및 기구, 초배, 재단 및 정배, 장관, 도배면적 견적산출법, 바닥 및 천정, 시공요령, 응어해설 등을 가르친다. 특히 실기는 현장에서 쓰는 백지나 장판으로 실습을 하여 매일 반복학습을 한다. 그래서 교육을 마침과 동시에 실무에 투입할 수 있다.

기술습득이 늦은 수강생은 교육기간이 지나도 배출시키지 않고 재교육 시켜여 수강료도 더 받지 않는다. 수강을 원하는 분은 직업전 상하의와 신발 그리고 중명사진 1장씩 준비하면 당일로 도배를 배울 수 있다."

최고의 소득 보장되는 유망직업

—취업율, 취업시의 초생임 수입, 국가자격시험의 문제점, 도배학원의 현황, 도배인이 갖춰야할 자세는.

"취업율은 이미 판심거리가 아니다. 사

처 완성시키는 것이다. 이는 YWCA 부녀 복지관에서 직업교육을 이수한 분들이 주로 응시할 뿐 도배인들에게는 공감을 얻지 못하고 있다.

도배학원은 수도권에 7~8개가 있으며 전국적으로 30~40개가 된다. 무허가를 포함한 많은 학원 대부분이 우리 학원 출신자가 운영하고 있다. 각 학원이 유년배출할 것은 배출인원이 과잉공급되지 않도록 적정인원을 조절하는 지혜가 아쉽다.

도배사는 실내공간을 끝마침으로 완성한다는 자부심을 갖고 믿마무리를 말끔하게 하는 정성을 가져야 한다."

—소리 도배학원이란 院名의 뜻, 학원의 특색, 보람과 아쉬움, 제일도배인력사업부에 대한 소개는, 도배를 배울 후의 고비가 오는 시기는.

"처음엔 도배학원에 대한 인가조례가 없어 제일인테리어 기술교육원이라고 했다가 '명성을 얻자'는 의미에서 소리라는 이름을 붙였다. 학원의 특색은 손쉽는 기술습득이 가능하고 배출생끼리 각별한 유대관계가 형성돼 국내 도배업계의 「사관학교」라고 부를 수 있다는 점이다.

보람은 사업에 실패한 분들이 교육이수후 재기하거나 실업자가 사회의 일원으로 복귀할 때마다 아러울은 배출후 1달만에 찾아오는 어려움을 이기지 못하고 도중하차 했을 때이다. 1달의 고비만 넘기면 부업수준이 아닌 전문직의 대우를 받을 수 있다.

제일도배인력사업부(Tel. 841-4568)는 많은 도배인이 불합리한 유동구조 때문에 일한 만큼의 소득을 얻지 못하는 불합리를 해소하려고 발족시킨 「도배사 공급은행」이다. 현재 약 350명의 회원이 가입돼 있다."

「도배사 공급은행」도 설립, 운영

—도배사의 현황, 앞으로의 계획, 출연했던 TV와 게재된 신문, 기억에 남는 배출생, 개인 프로필은.

"건축붐이 지속되고 생활공간을 상쾌하게 꾸미려는 추세상 전망이 매우 밝으나 일정 시점이 되면 도배시의 공급과잉 자제시켜야 한다. 앞으로는 도배사의 권익향상과 수익증대를 위해 도배사용의 회사를 창설화시킬 생각이다.

KBS-TV 전국은 지금(부업코너), KBS-라디오 사회교육방송, 일간스포츠에 출연했거나 게재되었고, 기억에 남는 교육생은 유기룡(오산), 김오기(안산) 씨 등이다.

개인 프로필은 ▲가족, 고향, 키, 몸무게, 혈액형; 처(홍태순, 35)와 2남, 경남 합천, 170cm, 63kg, AB형 ▲별명, 애창곡, 종교, 가까운 친구, 기호식, 본색; 벹딩(키가 빨라 자라), 꽃, 없음, 차정례, 나물類, 연안 차씨 ▲부모님, 취미, 특기, 성격; 장단음, 음주·흡연량, 가훈; 차상훈(66), 설월낙선(65), 형태크 정보수집, 야학에의 봉사(일평 피돈이), 폭투, 자신감과 진지감 신중함, 소주 반병·안피움, 웃든하는 자는 승리하고 못한다·끝가다가는 개발 등이다." <조이숙 기자>

1989년 가을이었다.

그런데 막상 어떻게 학원을 차리고 교육은 어떤 식으로 할지 막막했다. 마땅한 교재도 없고 당장 학원 차릴 돈도 없고. 그 당시 국내에는 도배학원이라는 것이 아예 없었다. 그러니 학생은 어떻게 모집할지도 참 난감한 상황이었다. 그래도 포기하지 않고 3개월을 고민하고 연구한 끝에 그간 도배사로 일하고 지물 사업을 하면서 쌓은 경험을 살려 견적 내는 방식부터 바닥재 등 재료구입과 평수 내는 방식까지 도배하는 방법을 순서대로 나열해 지물포 창업 전반에 걸친 나름의 임시 교재를 만들고, 교육 순서를 하나하나 모두 정리했다.

학원 차릴 돈은 내가 가진 400만 원과 누나한테 빌린 돈 400만 원을 합해 총 800만 원을 준비했다. 그러나 그것만으로는 턱없이 부족했다. 그때나 지금이나 나는 지도 공부를 많이 하는 편인데, 서울 시내 지도를 자세히 보니 전철 2호선 라인이 사람 왕래가 제일 많았다. 일단 학원 입지는 2호선 역 근처로 하기로 했다. 그중에서도 제일 인기 없는 역 주변의 싼 임대상가를 얻어야 내 돈으로 맞출 듯하여 매일 2호선 전철을 타고 다니며 창 너머로 빈 상가를 찾았다.

그러던 중 대림역 바로 옆 아파트 단지 내 상가가 비어있는 것 같아 현장 답사를 해보니 상가 2층 전체가 130평 정도 되는데 점포

수가 약 30개. 그중 3개만 어쩔 수 없이 장사 중이고, 나머지는 오래 전에 문을 닫은 상태였다. 수소문 끝에 상가번영회 회장 겸 상가지분을 제일 많이 가진 분을 만나 그분에게 말씀드렸다.

"이 상가 전체를 내가 살려드릴 테니 저에게 1,000만 원에 2년만 임대해주세요."

오랫동안 전기, 수도, 기본 관리비 등이 많이 밀려있는 상태라 그분 입장에서도 손해 보는 건 아니었다. 그렇게 2층 전체를 보증금 1,000만 원, 월세 180만 원에 임대 계약했다. 여기서 절반인 65평을 컴퓨터 학원에 재임대하니 나로서는 보증금 500만 원, 월세 80만 원에 65평을 임대한 결과가 되었다.

컴퓨터 학원이 쓰고 남은 나머지 공간에 일단 사무실 하나와 수업할 공간으로 3평씩 칸막이를 쳐서 간이방을 여러 개 만들고 중앙은 아파트 거실로 꾸몄다. 이렇게 만드는 데 공사비용이 400만 원 들었다. 임대 보증금과 합쳐 총 900만 원에 모든 투자가 끝났다. 가진 돈이 얼마 없었는데 그 돈에 맞춰서 완벽하게 해결이 된 것이다.

- 누구도 가보지 않았던 새로운 길

엉뚱한 역발상으로 시작하여 첫 발을 내딛는 그 순간 터질 듯한 나만의 감동과 흥분으로 여러 날 잠 못 들었다. 그 누구에게도 말 못하고 오롯이 혼자 이뤄냈다는 게 큰 행복이었다. 그렇게 하여 1990년 봄에 '제일도배교육원' 간판을 걸고 작은 사이즈의 신문광고를 시작했다. 첫 달에 60명 정도가 수강 신청하여 1인당 월 15만 원을 받으니 1개월 만에 투자 원금을 회수할 수 있었다.

교육은 오전과 오후, 저녁 3회를 했는데, 먼저 벽지 재료를 설명하고 재단, 풀칠, 바르기 등을 교육했다. 그리고 장판지 등의 처리 방법과 평수 및 견적 내는 법, 인건비 책정 방식 등의 내용으로 1개월 코스부터 3개월 코스까지 교육 기간별로 커리큘럼을 짰다. 낮에는 학생들과 교육장 바닥에 둘러 앉아 식사도 함께 하며 재미있게 수업을 했다. 2개월째 개강에 학생이 80명 정도 되었다. 조금씩 늘어나는 수강생들을 보니 나도 힘이 났고 교육장은 언제나 배움의 열기가 가득했다. 그렇게 온전히 몸과 마음을 쏟으며 열정으로 충만했던 그 순간이 지금도 눈에 아른거린다.

그때 나는 대림역 인근 지하 단칸방에서 살고 있었는데, 주거 환경이 어찌나 열악한지 겨울에 보니 벽 전체가 온통 곰팡이로 뒤덮여있었다. 왜 그렇게 살았을까? 내가 가진 돈은 얼마 없는데 받아놓은 아파트 2채 밑으로 계약금이 들어가 있고 학원 창업 시 일부 투자하고 나니까 당장 내가 살 집에 돈 쓸 여력이 없었던 것이다. 그래서 50만 원짜리 지하 방 1칸에서 나와 아내, 아이 둘까지 네 식구가 어렵게 살았다. 지금도 아내가 가끔 타박을 한다. 그때 어쩌면 그렇게 후진 방에서 고생을 시켰냐고. 어쩔 수 없는 상황이었지만 그래서 너무 미안하다.

아무튼 그렇게 고생하면서 시작한 학원이 4개월째에 신문에 소개가 되었고 연속해서 〈KBS-TV〉 '무엇이든 물어보세요'라는 프로그램에 나왔다. 방송을 타면서 최초의 도배학원이 전국적으로 알려지게 되었고, 그 바람에 학생들이 너무 많이 와서 기존 시설로는 감당할 수가 없게 되었다. 그래서 대림역 건너 구로동에 원래 학원 2배 크기의 제2교육장을 오픈했다. 제자 몇 명을 강사로 두고, 사무실에 경리까지 채용하면서 꽤 규모 있는 사업장이 되었다.

그때부터 체계적인 교육을 위해 정식 교재를 만들어 학생들에게 배포했다. 기존에 학원에서 가르치던 내용을 교육 순서에 맞춰 기술하고 졸업 후 직접 필드에서 공사를 맡는 요령에서 창업을 할 수 있는 방법까지 자세하게 서술한 교재였다. 그런데 교육생 중에서 그 교재를 가지고 도배학원을 차리는 사람들이 전국에 걸쳐 생겨났다. '아차' 싶었다. 그때까지 교육원으로만 도배학원을 운영하던 나는 부랴부랴 정식으로 관인을 내고 '관인소리도배학원'을 등록했다.

그 후 대구, 부산 등 여러 분원을 거느린 원조 도배학원으로 2년간 3,000여 명의 도배사를 배출했다. 각종 매스컴도 많이 타고 돈도 많이 벌었다. 그때는 정말 내 세상이었다. 부산으로 강의하러 한

도배학원생

번씩 내려가면 '서울 소리도배학원 원장님 직강'이라고 적힌 현수막이 여기 저기 걸려있는 것을 볼 수 있었다. 얼마나 신나고 뿌듯했는지! 그런데 2년 정도 지나니 전국에 도배학원이 너무 많이 생겨서 여기저기서 도배 기술자가 남아돈다는 말들이 많았다. 고민 끝에 과감히 기술자를 양산하는 교육을 그쯤에서 끝내기로 했다.

지나고 나서 생각해보면 나의 실수가 학원 생명을 단축시켰던 것 같다. 첫 번째 실수는 교재를 만들어 나눠준 것이다. 도배 교육의 핵심을 만천하에 공개함으로써 누구나 쉽게 도배학원을 창업할 수 있는 계기를 내 스스로 마련해준 셈이다. 두 번째 실수는 방송을 타게 한 것이다. 당장 그 순간에는 학생들이 많이 오니까 좋았지만 결과적으로는 그것이 학원의 수명을 단축시켰다. 세 번째 실수는 원조 학원으로서 제대로 된 교육을 체계적으로 하지 못한 것이다.

도배학원의 문을 닫은 후 도배사의 삶의 질 차원에서 그간 배출한 인력과 기존 도배사를 회원으로 모아 '제일도배인력회사'를 창업했다. 회원 수는 1차로 350명, 2차로 500명 정도를 확보했다. 그렇게 확보한 회원들을 서울 및 수도권에 지물포 기사로도 투입하고 신축 아파트 공사 현장에도 투입했다. 처음 시작은 괜찮아 보였다. 그러나 급하게 배운 기술이라 가는 곳마다 공사 하자로 이어져 머릿골이 아플 지경이었다. 말도 많고 탈도 많았다. 나에게 돌아오는 것은 항의뿐 남는 게 하나 없는 속빈 강정이었다.

– 인생도 삼한사온, 올라가면 내려오는 것

그런 날이 지속되던 중에 그간 학원사업으로 번 돈 수억 원을 주식 투자로 4개월 만에 몽땅 날려버린 대형사고가 터졌다. 광명시에 있는 모 증권회사에 돈을 맡겨두었는데 담당자가 일인 매매로 나에게 전화 연락만 해주고는 수도 없이 팔고 사고를 반복하다가 결국 다 날려버린 것이다. 눈 깜짝할 사이에 그 좋았던 학원사업의 모든 것이 일장춘몽으로 끝나고 말았다. 인생도 계속 올라가는 길만 있는 게 아닌가 보다.

2년간 전성기를 누렸던 도배학원도 물거품이 되고 허탈한 마음에 그냥 쉬고 싶은 생각뿐이었다. 그런데 어찌하다 보니 그림 그리는 사람을 만나 산수화 그림 학원을 창업하게 되었다. 머리 식히며 놀기는 참 좋은 사업이었다. 매일 출근해서 조용히 차 마시고, 음악 듣고, 그림 연습도 했다. 하지만 나에게는 체질적으로 안 맞는 사업이었다. 나는 호기심이 많아 막 돌아다니며 뭔가 활동적인 일을 해야 하는데 그러질 못하니 좀이 쑤셨다. 결국 얼마 하지 못하고 그림 선생에게 학원을 넘겨주었다.

그러고 나서 소규모의 부업 교육 사업을 시작했지만 이 일 또한 아니다 싶어 3개월 만에 그만두었다. 이어 중고품 판매점을 창업 했는데 계속 돈만 들어가고 사람만 중고 인간이 되는 것 같아서 몇 개월 못하고 청산했다. 하는 일마다 재미를 못 보니 의욕이 많이 떨어졌다. 그러나 그렇다고 가만히 앉아만 있을 내가 아니었다. 이제 또 다시 새로운 일을 꾸며야 할 때였다.

이런 저런 생각을 하면서 그 누구도 하지 않은 사업이 뭐가 있을 까 고민했다. 그리고 두 가지를 구상했다.

하나는 '천막기술학원'이었다. 상가 앞에도 천막이요, 창고와 하우스도 대부분 천막으로 되어 있어 그 수요가 엄청 많다. 그런데 일반인은 잘 모르고 진입 장벽이 높은 분야였다. 일단 내 스스로 약 2개월간 천막 공부를 하면서 교육을 시킬 사람을 구해봤다. 하지만 마땅한 사람을 찾지 못해 천막기술학원은 일단 보류했다.

두 번째 구상은 '떡학원'이었다. 당시 낙원 떡이 유명했는데 배우는 시간이 많이 걸리고 배울만한 곳도 없는 실정이었다. 그러니 배우기만 하면 장사가 어느 정도 보장되는 분야였다. 그때는 집들이 할 때도 떡을 돌리고 가게 오픈 때와 사무실 오픈 때도 떡이 필요하던 시절이었다. 그런데 그렇게 떡학원을 구상하던 중에 나의 호기심이 또다시 엉뚱한 방향으로 튀었다.

TV 시청 중 해외토픽에서 도로에서 타는 스키가 잠시 나오는 것을 봤는데 왠지 끌렸다. 저 사업을 해야겠다는 생각이 퍼뜩 머리를 스치고 지나갔다. 바로 방송국을 찾아가 어느 나라 영상인지 확인하니 노르웨이라고 했다. 알아낸 정보는 그게 다였지만 그 길로 여행사에 의뢰해 여권 등을 만들어 프랑스로 날아갔다. 그런데 나는 학교를 제대로 다니지 못하고 17세라는 어린 나이에 사회에 진출하여 무대포로 거기까지 달려온 사람이기 때문에 사실 영어 알파벳 하나도 읽을 줄 모르는 상태였다. 그런 내가 말도 통하지 않는 노르웨이로 간다고 하니까 아내가 걱정을 하며 만류했다.

"당신 지금 이렇게 가면 집도 못 찾아오고 죽어. 가지마."

하지만 아내도 결국 내 고집을 꺾지는 못했다. 다행히 프랑스까지는 국내 항공기를 타고 가서 아무 걱정이 없었다. 파리에서 노르웨이 항공으로 갈아탈 때도 알려주는 대로 정상적으로 잘 탔다. 그런데 기내에 앉아 앞뒤를 살펴보니 동양인이 한 명도 없고 서양인들만 조용히 앉아있었다. 그 모습을 보는 순간 심리적으로 위축이 되어 무섭기 시작했다.

새벽 3시 오슬로 공항에 도착하니 비가 부슬부슬 내리는데 겁도 나고 앞으로 어떻게 하나 막막했다. 일단 무조건 택시를 타고 지정

된 호텔을 기사에게 보여주니 만사 OK. 그런데 호텔방에 들어가니 무지 추운 방에 이불은 보이지 않고 침대와 시트만 달랑 있는 것이 아닌가. 말이 통해야 카운터에 물어볼 텐데 뭐라고 입을 떼야 할지 난감해서 그냥 포기하고 점퍼까지 그대로 입은 채로 이불 없이 새우잠을 잤다. 그런데 다음날 아침에 일어나서 보니 이불이 침대에 꽁꽁 싸여져 있는 것이 아닌가. 그걸 모르고 밤새 춥게 새우잠을 자다니 헛웃음이 나왔다. 이번엔 아침을 먹으러 레스토랑에 갔다. 메뉴판을 볼 줄도 모르고 뭘 달라고 해야 하나 한참을 앉아서 망설이고 있는데 누군가 빵과 커피를 먹는 것을 보고 나도 손짓으로 저것을 달라고 했다. 그렇게 아침식사를 겨우 해결했다.

 하지만 이대로는 아무것도 못할 것 같아서 코트라에 의뢰해 가이드를 소개받았다. 가이드의 도움으로 노르웨이 여기저기를 돌아다니며 방송에서 보았던 물건을 찾았다. 그런데 내가 찾는 물건이 노르웨이에는 없고 스웨덴에 있다는 얘기를 듣게 되었다. 할 수 없이 다시 스웨덴으로 날아갔다. 그곳에서 수소문 끝에 도로용 스키 1세트를 샘플용으로 구입할 수 있었다. 우여곡절 끝에 구한 샘플을 들고 12일 만에 귀국했다. 집에 오니 식구들이 놀람과 기쁨이 섞인 얼굴로 나를 맞아주었다. 영어 한 마디 못하는 내가 헤매다가 국제미아라도 될까봐 걱정이 많았던 모양이다.

귀국한 다음 날 그 샘플을 가지고 을지로와 청계천 등으로 전문가를 찾아갔다. 적당한 부속을 조합해 국내에서 비슷한 제품을 만들어 팔아볼 생각이었다. 본격적인 생산에 앞서 일단 사업화 가능성을 엿보기 위해 2~3개 정도만 시범적으로 만들어보기로 했다. 그런데 그렇게 열심히 준비를 하던 중 뜻밖의 소식을 접하게 되었다. 어느 날 저녁에 TV를 시청하는데, 아이들이 내가 만들려고 하는 것과 흡사한 제품을 타면서 노는 장면이 나왔다. 이게 무슨 일인가 싶어서 알아보니 롤러스케이트를 생산하는 국내의 모 회사가 이미 시제품을 만들어 세상에 내놓았고 제품 생산에 들어갔다는 것이었다. 힘들게 외국까지 나갔다 온 것이 물거품이 되는 순간이었다. 지금도 그때 사왔던 샘플이 우리 집 007 가방 안에 잠들어 있다. 결국 실패로 돌아갔지만 생전 처음 낯선 외국 여행도 다녀오고 나름 재미있는 추억이다.

어쨌든 당시에는 이것저것 뜻대로 되는 게 하나 없이 실망만 가득한 채 하루하루를 보냈다. 그러다 모 식품회사에서 백화점식 정육점 프랜차이즈 가맹점을 모집하기에 괜찮아 보여서 신청했다. 구로주공아파트 복합상가 1층 중앙에 가게를 임대하여 기존의 정육점과는 완전 차별화된 고급 정육점을 창업했다. 그런데 그 상가에는 이미 오래된 정육점이 2개가 있어서 기존 단골들이 옛 단골집을 지나쳐 우리 가게로 올 수 없는 환경이었다. 아무리 노력하고 친절하게 해도 모두 헛수고였다. 대대적으로 마케팅도 해보았지만 매출이 올라가질 않아 직원들 월급 주고 나면 적자만 몇 백만 원이었다. 결국 6개월 만에 트집을 잡아 본사 직영으로 넘겨주고 끝냈다. 일부 적자를 보았지만 고민을 끝내고 홀가분하게 빠져나왔으니 기분은 굿이었다.

참고로 상가를 보러 다니는 분은 가능하면 동종 업종이 있는 큰 상가나 그 주변에는 가지 않은 것이 좋다. 본인이 아무리 장사에 자신이 있어도 기존 가게들의 텃새도 무척 심하고 단골들을 뺏어오는 일이 그리 만만한 일이 아니다.

- 외식사업으로 다시 비상하다

다시 잠시 백수가 되어 그동안 여기저기 급하게 허우적거렸던 시간들을 돌아보니 학원사업 후 돈 잃고 제 정신이 아니었던 시기에도 나는 그래도 날마다 무엇을 할까 연구 중이었다. 지물포를 다시 할까? 아니 지물포는 할 만큼 했으니 이제 그만. 그럼 부동산 사무소를 할까? 아니야. 이것도 뭔가 약해. 그러다 퍼뜩 머릿속을 스치는 생각이 있었다.

'그래, 외식사업을 하자!'

어쩌면 내 체질에 가장 맞는 사업이 외식사업일지 모른다고 생각했다. 부지런하고, 섬세하고, 인상 좋고…. 그런데 외식사업이 나에게는 생소한 분야라 어디든 물어보면 좋겠는데 딱히 상의할 사람도 없고 하여 절에 가 큰스님에게 물었다.

"저는 뭘 하면 좋을까요?"

그랬더니 이런 답이 돌아왔다.

"물을 가까이 하는 일을 하시오."

돌아와 곰곰이 생각해보았다.

'물이라고?'

물과 관련된 사업이 무엇이 있을까? 그러다 결국 답을 찾았다. 바로 횟집! 수족관 물고기는 물이 없으면 끝이고 물이 절대적이다. 이것이 물장사가 아니고 무엇이란 말인가.

그렇게 1994년 초 여름부터 집중적으로 횟집 공부에 몰입했다. 모르는 분야이기에 더욱 신중히 접근하기 위해 횟집 운영 방법에 대해 다방면으로 알아보며 준비하기 위한 과정이었다. 그런데 알면 알수록 처음 학원을 창업할 때처럼 흥분과 설렘으로 매일이 해피바이러스에 감염된 듯 행복했다. 분당, 일산 등 신도시 아파트 입주가 시작되어 집들이에 생선회가 많이 팔리는 것을 알게 되면서 분당으로 갈까, 일산으로 갈까 계속 저울질을 했다. 그런데 당시 행주대교 붕괴 사고로 한동안 일산 입주민들은 주말에 아파트에 갇혀 있는 일이 많겠다는 생각이 들었다. 그래서 최종적으로 일산에 가게를 내기로 결정했다.

인생이 풀리려면 어쩜 그렇게 맞아 떨어지는지. 예전에 구로에서 니스칠 장사를 함께 하던 친구가 구 일산에서 부동산 사업을 하고 있어 우연히 만나게 되었다. 횟집을 할까 하는데 가게 하나 부탁한다고 했더니 그 친구가 내 이야기를 듣고 이렇게 말했다.

"하나 있기는 한데, 지금 일산신도시는 상가 건물이 아직 2~3개 정도밖에 없어서 가게 얻으려는 사람들이 줄을 선 상태야. 상가 점포를 분양 받은 사람도 임대 놓을 생각을 안 해."

"그래? 그러면 점포 분양 받은 분 주소를 좀 줘. 내가 직접 해결해 볼게."

그렇게 하여 상가 주인을 찾아가게 되었다. 가서 만나보니 성동구에서 파출소장을 하던 분이었다. 소장님 말씀을 들어보니 상가 투자는 처음이라 아무것도 모르는 상태였다. 그런데 너무 많은 부동산 업자가 찾아와 머리가 아플 지경이라고 했다. 나는 그분에게 제시했다.

"상가 건물 지하 13평짜리 점포를 1층 코너 가게보다 무조건 더 유명한 가게로 만들어 부가가치를 최대로 올려 드리겠습니다."

내 이야기에 구미가 당기는 표정이었다. 나는 여기에 팁까지 하나 더 얹어 이야기했다.

"소장님은 1년 후에 점포를 딴 사람에게 파세요. 분명 큰 시세차익이 납니다."

나의 오랜 경험으로 볼 때 아파트 단지 내 상가는 입점 시부터 1년 사이에 최고점에 도달한 후 주변 상가가 하나, 둘 생기면 그 생명이 다한다. 그런 경우를 수도 없이 봐왔다. 그런 점을 감안해 그분에게도 현실적인 조언을 드린 것이다.

그리고 정확히 이틀 후 그분이 계약하자고 연락을 해 와서 주변 가게보다 훨씬 싼 가격으로 직접 계약을 했다. 옆 가게들은 부동산에서 기본 P(프리미엄) 2,000만 원을 다 받아먹는데 나는 복비도 없이 가게를 얻은 것이다. 참고로 그 소장님은 1년 후에 점포를 팔라는 내 말을 듣지 않고 지금까지 계속 보유하고 있다. 세월이 흘러 분양금 1억 4,000만 원이 다 날아갔다. 만약 내 말대로 1년 만에 팔았다면 그 당시 돈으로 3억 원은 받았을 텐데 말이다. 물론 나는 1년 2개월 만에 빠져나왔다.

어쨌든 그렇게 가게를 얻은 나는 집도 일산으로 옮기고 본격적으

로 횟집 창업 준비에 집중했다. 그리고 1994년 말경 마침내 일산신
도시 강선마을 아파트 단지 내 상가 지하에 '어촌횟집'을 창업했다.
그간 많이도 돌고 돌아 여기까지 왔구나 싶었다. 너무나 벅차고 흥
분되었던 그때의 행복한 마음을 지금도 잊지 못한다.

횟집 창업을 하면서 나의 강점이 제대로 통했다. 나의 강점은 첫
째, 철저한 전략을 세운다는 것이다. 집들이용 회 배달센터라는 콘
셉트에 '선택과 집중'한 것이 적중했다. 둘째, 마케팅에 누구보다
자신감을 가지고 있었다. 학원 사업을 하면서 광고를 많이 했고 그
때의 노하우가 큰 도움이 되었다. 장사 초기 1년간 우리 횟집을 모

르는 사람이 없을 정도로 마케팅 융단 폭격을 했다. 셋째, 배달 요령이다. 아파트를 찾아가는 요령도 차이가 많은데 나는 그 요령을 미리 숙지하여 오토바이뿐만 아니라 자동차를 이용하여 보통 배달하는 어린 친구들보다 2~3배 신속 정확하게 배달했다. 넷째, 나의 부지런함도 한몫했다. 새벽부터 오전 10시 사이 주방장이 나오기 전까지 하루 일의 절반을 해두었다. 수산시장에서 장을 보고 그날 하루 팔 생선 횟감을 아침에 모두 미리 잡아 손질해두었다. 손질한 횟감은 흰 광목에 싸서 냉장보관으로 숙성하여 팔았다.

횟집 창업은 그야말로 대 성공이었다. 지하 13평 가게에서 하루 매출 수백만 원이 나왔다. 회 배달요원만 3명이었다. 여기서 팁 하나! 점포가 많이 모여 있는 종합상가에 입점할 때는 먼저 공유면적, 즉 창고나 복도 끝자락 등과 외부 간판자리가 좋은 곳을 선점해야 한다.

그런데 횟집 사업은 철을 많이 탄다. 여름에는 비브리오 패혈증의 감염 우려가 있기 때문에 5월부터 9월까지는 장사가 안 된다. 그즈음 주엽 역세권에 좋은 상가들이 하나, 둘 생겨나고 있었다. 나도 제일 좋은 자리에 작은 가게 1칸을 임대하여 여름 장사를 만회해 볼 요량으로 칡냉면 가게를 열었다. 냉면 장사는 여름 한철은 정말 밥 먹을 시간도 없이 바쁘다. 한마디로 사람 잡을 정도. 우리 가게가 작아 손님이 한 번에 많이 못 앉으니까 회 배달처럼 냉면도 배달이 엄청 많았다. 그러다 찬바람이 부는 9월 이후에는 매출이 뚝 떨어졌다. 냉면 장사는 그렇게 한철만 했지만 나름 성공적이었다.

그전 횟집은 다른 사람에게 매도하여 완전히 정리하고 이후에 횟집 2개를 더 차려 지인에게 넘겨주었다. 그리고 잠시 휴식기를 갖고 있는데 상가 상인들의 모임에서 누군가 설렁탕 장사가 철을 타지 않는 장사로 사계절 잘 된다는 말을 했다. 그 말을 듣고는 냉면 가게를 조금 손봐 설렁탕·해장국 가게로 업종을 변경했다. 이 가게

또한 대박이었다. 지금도 이 가게는 주엽 역세권에서 설렁탕 맛집으로 유명하다.

- 잘 나갈 때 조심하라(설렁탕의 정석 공개)

설렁탕·해장국집은 실평수 12평 가게에서 24시간 영업으로 아침 5시부터 10시까지 외부 간이 테이블까지 꽉 차게 돌아갔다. 오전 11시 이후부터 오후 3시까지는 손님들이 계속 줄을 서고, 오후 5시 이후 저녁 장사도 잘됐다. 일 매출 수백만 원 이상이 꼬박꼬박 나왔다.

사실 나는 설렁탕에 깊이가 없었다. 지금 밝히지만 처음엔 맛을 내기 위해 조미료와 프림 등 여러 가지를 넣으며 실험을 많이 했다. 그러다 설렁탕의 깊이를 알기까지는 정확히 5년이라는 세월이 걸렸다. 그 사이 주방장도 8명을 교체했다. 그런 뒤에야 알게 된 설렁탕 맛의 비밀은 바로 '불 조절'이다.

사골국물을 제대로 내려면 다음의 순서를 기억해야 한다. 첫째, 갓 작업한 신선한 소뼈를 구입해야 한다. 냉동실에 오래 둔 뼈는 국물이 잘 안 나온다. 둘째, 미지근한 물에 핏물을 뺀 후 강한 불에

2번 튀겨내야 한다. 그 다음 흐르는 물에 이물질 없이 하나하나 깨끗이 씻어야 한다. 셋째, 1차 국물내기다. 물을 조금만 넣고 강한 불로 뼈가 흐물흐물해질 때까지 푹 곤다. 물이 줄면 조금씩 채우면서 집중해서 바글바글 끓인다. 넷째, 거기에 물을 많이 잡고 3시간만 끓이면 1차 국물 완성이다. 1차 국물을 따로 내놓고 2차 국물내기에 들어간다. 다섯째, 2차 국물내기는 물을 많이 잡고 3시간 정도 강한 불로 끓이면 완성된다. 그렇게 만들어진 1차 국물과 2차 국물을 섞어주면 맛이 고소하다. 여섯째, 같은 방법으로 3차 국물을 한 번 더 뽑아 2차 국물과 섞어주면 뼈는 거의 소멸된다. 이렇게 나온 사골 국물은 아주 뽀얗고 진하며 고소하다. 아무것도 섞을 필요가 전혀 없고 식으면 바로 묵이 되는 진정한 사골국이다.

그런데 이렇게 사골국물을 내지 못하는 곳이 너무 많다. 그래서 손님들의 인식 또한 안 좋은 게 사실이다. 현재 국내에서 제일 유명하다는 'ㅅ' 설렁탕집의 경우도 여러 가지를 혼합해서 설렁탕을 만드는 걸로 알고 있다. 식으면 이상한 냄새가 나고 힘 빠진 국물이다.

일산 주엽에서 설렁탕·해장국 가게를 5년간 했다. 돈도 많이 벌고 좋은 일도 많았다. 창업 후 한결같이 사업이 잘 되었고, 광명시와 평촌 신도시에 분양 받아둔 아파트를 입주 무렵에 많은 프리미엄을 얹어 팔아 큰 시세차익을 얻었다. 부동산 공부를 해둔 내공이 결실을 본 때였다. 여기에 자신감을 얻어 1년에 3곳 이상 창업 계획을 세웠다. 첫 번째로 일산 정발산역 인근에 '큰가마집'이라는 설렁탕 가게를 창업했다. 월세가 600만 원에 관리비를 포함하면 월 1,000만 원씩 들어갔다. 당시는 IMF 때라 그 주변이 허허벌판에 빈 가게가 상당히 많았다. 그 와중에 이 가게는 초대박이었다.

그런데 내 생애 최대 실수를 한 것도 이때였다. 이전 주엽동 가게가 한창 잘 나갈 무렵에 나는 창업 계획을 옆 점포에서 가게를 하는 OOO라는 사람에게 허물없이 이야기하곤 했다. 당시 나는 일산 킨텍스 앞 상가를 주엽 다음 창업 예정지로 정하고 오랫동안 공을 들였다. 부동산 업자를 끼고 건물주와 상의를 미리 해두고 주말이 지난 월요일에 계약하기로 약속까지 했다. 그런데 나는 그러한 사실을 주말 저녁에 OOO에게 아무런 의심 없이 이야기했다. 그리고 그 다음 날, 그 친구는 아침 일찍 내가 계약하기로 했던 가게를 먼저 계약해버렸다. 나로서는 전혀 예상치 못한 일이었다. 그야말로 뒤통수를 크게 맞은 것이다.

그 친구는 내 가게 자리를 가로챈 것도 모자라 설렁탕 가게를 떡하니 오픈했다. 내가 내려던 업종과 같은 가게를 내다니 사람이 남의 뒤통수를 치려고 마음을 먹으면 그렇게 되는 게 인간사다. 아무튼 그 설렁탕 가게 자리는 오늘날까지도 일산신도시에서 몇 안 되는 최고의 입지를 자랑하고 있고 그 친구는 덕분에 그 가게를 시작으로 몇 개의 외식업체를 운영하게 되었다. 부동산 등 재산도 상당히 모은 것으로 알고 있다. 여기서 배우는 교훈 한 가지! 정말 중요한 정보는 절대로 남에게 함부로 발설하지 말고 본인 마음속에 저장해두길 바란다. 그리고 상심과 아쉬움은 크지만 실수에 머물러 있지 않고 새로운 답을 찾는다.

이처럼 사업하는 사람은 조심할 것이 한두 가지가 아니다. 특히 잘 나갈 때일수록 더 조심해야 한다. 설렁탕집이 24시간 영업으로

항시 손님이 바글바글하여 매출도 수백만 원이 나오고 IMF 때라 일할 사람도 많아서 장사하기 좋았다. 그런데 돈이 생기니 늘 조금씩 해오던 '주식병'이 또 도진 것이다. 결과는 처참했다. IMF 직전 주식 값이 많이 내렸다고 판단하고 왕창 '물타기 매수'를 했는데 IMF가 터지면서 12개 종목 중 8개가 부도 처리되고 수억 원이 날아갔다. 겨우 2,000만 원만 챙기고 가지고 있던 주식을 완전 정리했는데, 그러고 났더니 주식이 하늘 높은 줄 모르고 올라 연일 호황이었다. 닭 쫓던 개처럼 체념할 수밖에 없었다. 나는 아무래도 주식과는 인연이 아닌 것 같다. 외식사업이 한창 궤도에 올라 잘나갈 때 좀 더 집중해서 착실하게 자산 운영을 했어야 했는데 그러지 못했던 것이 지금도 후회로 남는다.

- 미친 공부를 시작하다

내 가슴 속 평생 한이요, 응어리로 남아있던 것이 공부다. 그 무렵, 나는 그 한을 풀기 위해 검정고시의 문을 두드렸다. 기초가 워낙 없기도 하고 생각은 온통 산만하고 엉뚱한 곳에 가 있어서 공부가 쉽지 않았다. 동네 사람이 알까봐 부평까지 가서 학원을 다녔다. 처음 중학 과정 책을 접했을 때 솔직히 난 불가능하다고 생각했다. 수학, 영어가 너무 어려워 도저히 엄두가 나지 않았다. 그래서 학원에 다니는 것 외에 따로 수학, 영어 과외 선생님을 두고 공부했다. 여기에 학습지와 동네 소규모 스터디 모임까지 다니면서 열심히 했다. 또 집에서 공부가 안 되어 고시텔 하나를 빌려 집중적으로 했다. 이렇게 하여 2년 반 만에 고입검정고시와 대입검정고시를 통과했다. 나에게도 대학에 진학할 자격이 주어진 것이다.

함께 공부한 동료들은 대부분 방송통신대학교를 택했다. 그러나 나는 외식경영학과가 있는 경민대학교를 선택했다. 여기에는 사연이 있다. 내 실력으로는 경민대를 갈 수 있는 수준이 도저히 안 되었다. 그래서 사전 특별전형 모집 때 학교에 내 이력을 장황하게 적은 편지를 보냈다. 다행히 학교에서는 이런 학생이라면 우선순위로 받아준다면서 제일 먼저 합격 통지서를 보내주었다.

그동안 공부 못한 한이 내 마음 속에 얼마나 큰 자리를 차지하고 있었는지 모른다. 글 쓰는 일만 생기면 어쩐지 작아지고 초라해지는 내 모습 때문에 나쁜 생각도 수도 없이 했다. 이를 극복해보려고 최면술도 배워보고 신념 교육도 여러 번 받아보았다. 아침마다 혼자 산에 올라 "나는 할 수 있다!"를 큰 소리로 외쳐도 보았다. 평생교육원 경영대학원을 4곳이나 다니면서 사각모도 여러 번 써보았다. 그러나 아무 소용이 없었다. 장사할 때의 나는 누구도 따라오지 못할 자신감과 열정, 끼와 판단력을 가진 사람인데 공부 못한 것이 뭐라고 그렇게 나를 힘들게 했는지. 그런데 참 이상도 하다. 2005년 경민대를 졸업하면서 그 오랜 세월 응어리로 남아있던 모든 것들이 어느 순간 다 사라졌다.

'그래, 이제 나도 대학 나온 사람이야!'

남 앞에만 서면 작아지던 지난날은 눈 녹듯 사라지고 글을 쓸 때도 자신감 충만한 사람이 되었다. 이 일 또한 나에게 잠시 주어진 시련이요, 한낱 꿈이었나 보다. 결국 내 몸에 항시 달라붙어 다니던 몹쓸 병 하나를 떼어내는 데 성공했다. 지금 내가 창업 노하우를

담은 책을 쓸 수 있게 된 것도 그 덕분이다.

 배움에는 끝이 없다고 했다. 그런데 그 배움을 통해 성장하고 성공의 발판으로 삼는 것은 또 각자의 몫인 것 같다. 지금 여러분 앞에 있는 배움의 기회들을 잘 잡길 바란다. 그리고 그 배움을 통해 충만한 자신감을 키우는 일에 한번쯤 미쳐보기 바란다. '미쳐야 이룬다'는 말처럼 미친 공부 끝에 성공의 결실이 여러분을 기다리고 있을지도 모른다.

- 장사하고 싶어 미친 사람

사업은 연속적으로 운이 따라 목동과 김포, 부평에 창업하였고 즉시 프리미엄을 받고 처분했다. 파주 통일동산에 상가 하나를 임대 계약했는데, 이제는 파주에서 뭔가를 보여줘야 할 때라고 생각했다. 일산에서 처음 외식사업 할 때 나의 각오는 대한민국 전역에서 1등은 못하더라도 일산만은 이유 불문하고 내가 접수한다는 것이었다. 차를 타고 자유로를 달리다 일산신도시가 저 멀리 보이면 '저기에서 외식분야만은 무조건 내가 1등 한다!'고 그렇게 마음속으로 외쳤다. 그리고 이제는 파주를 보면서 또 다른 나의 사업 세계를 펼쳐보이리라 다짐하곤 했다. 근데 무엇으로? 파주에는 뭐가 유명하지?

어느 날 파주의 특산품을 보면서 파주 장단콩이 유명하니 두부·청국장 장사를 해볼까 하는 생각이 들었다. 그날부터 머리엔 온통 장단콩 생각뿐이었다. 하루는 임진각을 지나 민통선 지역에 땅을 보러 갔다가 파주가 민통선과 가까우니 DMZ 냄새가 풍기는 콘셉트로 가게를 차리면 어떨까 하는 생각이 들었다. 생각이 여기에 이르니 갑자기 가슴이 콩닥콩닥 뛰면서 엄청난 흥분이 느껴졌다. 도배학원을 처음 구상할 때처럼 낚싯대에 대어가 걸린 듯 가슴 터질

듯한 흥분과 새로운 상상이 마구 일었다.

그런데 두부요리집을 준비하면서 생각해보니 일산에서는 나를 따라하는 장사꾼들이 너무 많아서 그 일대 땅값까지 올랐었다. 파주에서도 내가 새로운 식당을 오픈하면 주변 땅값이 오를 것이 분명했다. 그렇다면 그 기회를 잡아야 하지 않겠는가? 간판을 걸기 전에 땅부터 먼저 사두는 것이 좋겠다고 판단한 나는 미분양 상태로 남아있던 근생(근린생활)부지 1필지를 계약해두고 가게를 오픈했다.

그렇게 창업한 장단콩 두부요리 전문점은 내 계획대로 바로 유명세를 탔고, 그 주변 땅도 하루아침에 다 팔렸다. 이어 우리 가게에서 일하던 직원 일부가 인근에 같은 두부요리집을 차리기 시작했고, 그 여파로 통일동산에는 장단콩 두부요리 전문점들이 수도 없이 생겨났다. 덕분에 이 지역은 파주를 대표하는 맛집 구역으로 명성을 떨치게 됐고, 파주시에서도 이곳에 200억 원을 들여 '장단콩 웰빙마루'라는 테마파크를 만들려고 추진 중이다. 현재 이 가게는 나보다 뛰어난 젊은 프로가 인수하여 파주 1등 가게로 잘 운영하고 있다.

나는 파주 통일동산에 장단콩 요리 전문점을 처음 심었다는 사실에 자부심을 느낀다. 결과적으로 일산신도시 횟집과 설렁탕집에 이어 파주 통일동산 두부집까지 원조 1등 가게로 성공시켰다. 요즘엔 어딜 가나 원조를 자처하는 식당들이 많지만 진짜 원조는 아무나 만드는 것이 아니다. 그 지역 상권을 분석하고 해당 메뉴를 철저히 연구해야 한다. 그리고 누구라도 따라하고 싶을 만큼 대박을 쳐야 한다. 나는 이런 대박 원조집을 계속해서 탄생시키기 위해 지금도 열심히 연구하며 준비 중이다.

- 제주에서의 꿈같았던 3년

　파주에서 1등을 하겠다는 소망을 이루고 나서 나는 한동안 휴식의 시간을 가졌다. 이후에도 여러 가게들을 창업하긴 했는데 그 가게들은 믿을 만한 점장을 투입해 맡겨두고 많은 시간을 제주에 마련한 별장을 오가며 보냈다.

　나는 제주에서 3년간 멋진 날들을 보냈는데, 펜션 구경 차 처음 내려갔다가 그곳의 자연 풍광과 맑은 공기에 매료되면서 인연이 시작되었다. 그때 나는 눈에 띄는 집 한 채를 발견하고 펜션 사장님의 도움으로 즉시 매입했다. 그 집을 나만의 별장으로 꾸미고 한

달 중 일주일 정도는 그곳에서 머무르면서 사업 구상을 하고 승마와 골프도 즐겼다. 호기심 많은 나는 제주의 구석구석을 돌아다니며 아름다운 자연에 빠져들었고 그곳에서 노후를 보내리라 마음먹었다.

그러자면 그곳에서 먹고 살 거리가 있어야 했다. 그래서 부동산 사무실을 많이 방문했는데 그중 서귀포 시내 요지의 땅 650평을 발견하고 평당 60만 원에 가계약을 해두고 왔다. 그런데 본 계약 무렵 도로 쪽으로 작은 남의 땅이 있어 서로 해결을 하지 못하고 결국 계약을 파기했다. 지금 그 땅이 평당 1,000만 원 이상 거래되고 있다.

다음으로 함덕 해수욕장 인근의 밭 800평을 평당 18만 원에 매

입하였는데, 여기에다 차후 제주 오름 모양의 유명한 식당을 창업할 계획을 세우고 일산과 제주를 오가며 업종 구상으로 바쁜 나날을 보냈다. 나는 스스로를 외식 분야의 프로라고 생각하기 때문에 내가 제주에서 창업을 하면 제주 외식업계가 뒤집힌다는 상상을 하곤 했다. 엉뚱한 것 같아도 그런 생각만으로도 얼마나 기분 좋고 설렜는지.

그러나 인생은 늘 좋은 일만 있는 게 아니라는 것을 제주에서 다시 한 번 깨달았다.

어느 가을날, 신나게 달리던 말 위에서 그만 낙마 사고를 당하고 말았다. 나는 몸을 움직일 수 없는 큰 부상을 입었다. 순간 스치는 생각 하나, 이대로 평생 걷는 것은 끝인가? 즉시 119를 불러 제주병원으로 이송되었다. 정밀검사를 해보니 척추와 어깨에 큰 부상을 당했지만 다행히 걷는 것에는 이상이 없다고 했다. 그제야 마음이 조금 놓였다. 일단 응급조치를 받고 그날 바로 서울 강남의 모 척추병원으로 옮겼다. 입원 후 수술을 받았다. 내 인생에서 가장 큰 수술이었다. 곧바로 안정은 되었지만 당장 승마를 위해 산 모자, 옷, 신발까지 모두 버려버렸다. 나이 들어 하는 승마는 항시 위험이 따르는 법이다. 그렇게 승마와는 완전히 이별했다.

그 이후로 제주에 내려가면 뭔가 재미가 없었다. 흥미가 식으니까 우울한 기분마저 들어서 점점 제주에 내려가는 일이 뜸해졌다. 몇 개월씩 별장 집을 비워뒀더니 어쩌다 내려가 문을 열면 곰팡이 냄새가 났다. 조경도 관리가 안 되니 엉망이었다. 결국 집과 땅 모두

싼 가격에 처분하고 제주에서 철수했다. 7년 전 그때 3억 원을 받고 판 나의 별장은 현재 16억 원이고, 평당 20만 원에 매도한 땅은 도로가 넓어지면서 현재 평당 300만 원이 되었다. 제주 집과 땅을 처분한 돈으로 파주 운정에 49평짜리 아파트를 6억 5천만 원에 매입했는데, 현재 시세가 3억 8천만 원이다. 한마디로 말해 쫄딱 망한 것이다. 이런 게 인생이다.

몇 년이 지난 후인 2015년 봄에 다시 서귀포 남원에서 곰탕집을 준비했다. 하지만 일할 사람도 없는데다 여러 가지 문제가 많아서 손해 조금 보고 중도에 현지인에게 넘겨주고 끝냈다. 제주와의 인연도 그렇게 저물었다. 그러나 난 크게 후회하지 않는다. 아름다운 제주에서 많은 추억을 남겼으니 말이다.

– 따뜻한 남해로 귀촌을 꿈꾸다

제주에서 못다 이룬 꿈에 대한 아쉬움이 커서인지 또 다시 제주와 비슷한 곳을 찾게 되었다. 경남 남해! 남해는 바다와 산도 좋은데 무엇보다 물가가 싸다. 생선류가 많이 나오고 채소도 엄청 싸다.

그곳에서 뭔가 해보려고 어렵게 작은 상가 건물 하나를 찾아서 계약했다. 그런데 세입자 문제가 생겨 한동안 애를 먹었다. 그러고 나서 건물 리모델링을 하는데 건물이 너무 낡아서 수리비만 1억 원이 들었다. 그래도 그렇게 돈이 들어가니 번듯한 새 건물이 탄생했다. 이곳에서 나만의 아이템인 면 요리집 '면 천국'을 창업할 계획이었다.

그렇게 창업 준비를 하면서 필요한 서류 작업을 위해 시청을 방문했다. 그러다 뜻밖의 상황과 맞닥뜨렸다. 수리가 다 끝난 우리 건물 중 일부가 불법 건축물로 고발된 상태라는 것이다. 그러면서 많은 시간과 돈을 투자하여 수리한 건물의 일부를 철거하라는 것이 아닌가. 황당하여 이러지도 저러지도 못하고 고심 중에 있는데 도시에서는 보지 못한 지역 텃세가 무척 심한 것을 여러 번 접하게 되었다.

'이곳도 내가 평생 살 곳은 아닌가 보다.'

꿈도 점점 허물어져 더 이상 미련 없이 철수하자는 생각에 급매로 건물을 매도했다. 건물 리모델링비 1억 원만 고스란히 날리고 따뜻한 남해로 귀촌하려던 나의 꿈도 함께 무산되고 말았다.

- 몸과 마음의 건강을 위해 산에 오르다

　뭔가 하는 일이 잘 안될 때는 산이 최고! 나는 산행을 20년 넘게 다녔다. 처음 시작은 아픈 몸 때문이었다. 일을 너무 하다 보니까 허리가 많이 아팠다. 검사를 해보니 목과 척추 디스크였다. 상태가 안 좋아서 그대로 방치하면 머지않아 척추장애로 진행될 가능성이 크다는 전문의의 진단이 있었다. 그때부터 바쁘고 힘든 와중에도 병원 치료, 한방 치료, 활법 치료 등 여러 치료를 약 2년간 지속적으로 받았다. 그런데 그렇게 돈과 시간을 투자했지만 치료를 받는 그때뿐이고 별로 나아지지 않았다. 그러던 중 누군가 등산이 허

리에 좋다고 하여 조금씩 시작했다. 늘 일도 많이 하지만 사업 연구와 부동산·주식 공부 등으로 머리도 많이 쓰는 편이라 매주 토요일 가까운 산으로 등산을 다녀오면 허리 척추 건강에도 도움이 됐으며 정신 건강에도 큰 도움이 되었다. 체질적으로 약골에다 여기 저기 아픈 곳이 많아 종합병원 수준인 나에게 등산은 그야말로 딱이었다.

산악회에 가입하여 산악대장도 여러 번 했는데, 산악회는 원래 말도 많고 탈도 많은 곳이다. 그래도 별 탈 없이 10년 가까이 산악회 회원들과 매주 한 번씩 근교 산행과 장거리 산행을 즐겼다.

하루는 등산 선배 한 분이 "한 살이라도 젊고 무릎 튼실할 때 큰

산을 하고 나이 들면 가까운 근교 산을 하는 게 진정한 산악인"이라고 하셨다. 그날 이후로 본격적으로 계획을 세워 '한국 100대 명산' 등반을 시작했고, 매달 두 번씩 백두대간을 함께 종주하기 시작했다. 2~4명 인원으로 전국을 찾아다니며 명산 산행을 하고, 백두대간 종주는 소구간으로 나눠 지리산 코스를 시작으로 명산과 겹치는 코스는 한 번에 등반했다. 그리고 2015년 가을에 강원 진부 마산까지 약 7년간의 대장정을 끝마쳤다.

10년 이상의 산행일지를 보면, 매월 4~6회 산행을 했고, 지리산 종주 2박 3일과 설악 공룡능선과 대청봉 등 하루 14시간 이상 산행 기록을 수차례 했다. 또한 제주 성판악~관음사 코스 5회, 백두산 트레킹 종주 17시간 완주, 중국 황산 서파코스 트레킹, 백두대간 정맥, 지맥 산행까지 그야말로 날마다 행복한 산행이었다. 나에게 산행은 마음을 쉬게 하는 고마운 친구였다. 지금은 우측 무릎에 이상이 생겨 무리한 산행은 자제하고 둘레길 걷기 등 몸 풀기 정도의 산행만 하고 있다.

외식사업을 하는 사람에게 몸과 마음의 건강은 선택이 아니라 필수다. 매일매일 치열한 전투장 같은 현장에서 살아남아 성공한 대박 가게의 경영주가 되려면 지치지 않는 강인한 체력과 어떤 힘든 상황도 지혜롭게 이겨낼 평정심이 있어야 한다. 헬스장에 가서 기

구를 들어도 좋고 요가나 체조로 심신을 단련해도 좋다. 탁 트인 필드에 나가 골프를 치면서 사교도 하고 더불어 체력도 키우면 금상첨화다. 각자 나름의 방식으로 하면 된다. 나의 경우엔 그것이 산행이었고, 산행을 통해 외식사업계를 정복할 힘을 얻었다.

목표를 향해 끊임없이 한발 한발 내딛어야만 정상에 설 수 있다는 점에서 산행과 창업은 닮은 점이 많다. 목표를 상실하고 방황하고 있는 분이라면 창업이라는 큰 산을 넘기 위한 준비 과정의 하나로 산행을 즐겨보면 어떨까? 경험자로서 강력히 추천한다.

– 상가 입지답사와 대박가게 연구에 미치다

사실 나의 관심사의 전부라고 볼 수 있는 대목이다. 어릴 적에 워낙 못 살아서 어떻게 하면 잘 살아볼까 항상 생각했다. 그래서 주식과 부동산에 관심을 갖게 되었고, '어떻게 하면 성공적인 장사를 할 수 있을까?' 하고 연구하게 되었다. 여기저기서 장사를 해보면서 상가 입지의 중요성이 장사의 성공과 실패를 가름한다는 것을 알게 되었다. 그 다음은 업종 선택에서 결정된다.

나는 오랜 세월 시간이 나면 개발지 주변 등 좋은 땅을 찾아다녔는데, 최근 6년간의 휴식기에는 더욱 많은 지역에 답사를 다녔다. 눈에 띄는 대박가게와 입지가 좋은 신규 가게, 지방의 유명한 식당들을 답사하고 입지와 규모, 주차장, 메뉴, 경영주의 자세 등을 항목으로 분류하고 나름의 점수를 매긴다.

성공하는 가게들은 확실히 뭔가 다르다. 메뉴도 단출하고, 가격 대비 음식도 잘 나오며, 손님을 크게 실망시키지 않는다. 실패한 가게들은 우선 메뉴가 복잡하다. 뭐가 전문인지 알 수 없고 수시로 메뉴가 늘고 바뀐다. 경영주는 늘 TV만 본다. 물어보면 경기 탓만 하고 공부에 관심이 없다. 외식사업도 끝없이 공부하고 연구해야 하는데 말이다. 기본도 모르는 듯한 경우가 많다. 장사가 안 되면 필히 경영 진단이 필요하다. 장사가 잘 안 되는 이유가 외부적인 이유인지, 내부적인 요인인지 찾아내어 적극적으로 해결해야 살아남는 것이다. 그대로 두면 모든 것을 잃는 건 한순간이고, 지나고 나면 크게 후회한다.

6년간의 긴 휴식기 동안 주식과 땅, 외식사업 연구만 해왔다. 2016년 여름 이후부터 무릎 고장으로 산행도 어렵고 팔은 골프 엘보로 스크린 골프도 못 치게 되었다. 주식도 국내 정치와 경제 상황이 좋지 않고 글로벌 경제까지 저성장 자국보호주의 정책으로 전환되면서 불확실한 상태라 늘 손실만 생기고 있다. 부동산도 정신을 똑바로 차려보면 무섭고 아찔한 생각이 드는 게 사실이다. 최근 몇 년 저금리와 정부의 내수 진작을 위해 부동산을 띄우려는 정책으로 여기까지 잘 왔지만 그것도 한계에 온 것 같다. 사견이지만 아마 2~3년 내 부동산 대 폭락의 찬바람이 불어치지 않을까 싶다. 혹시 중국발 금융위기라도 온다면 더욱더 힘든 상황이 올지도 모르겠다. 그렇게 되면 많은 사람들이 울고 힘들어질 것이다. 하지만 거기서 또 다른 기회를 찾는 사람이 생겨날 것이다.

나는 이제 이 시점에 초심으로 돌아가 내면에 잠자고 있는 '장사의 끼'를 살리고자 한다. 이런 생각만으로도 왠지 흥분되고 설레는 건 천생 '장사꾼'이라서 그런가 보다. 새로운 창업을 준비하다 보니 매일 매일 새로운 미친 아이디어가 나를 춤추게 하는 것을 발견하게 된다. 그렇다. 이것은 나의 또 다른 부활이다. 철저하게 즐기는 외식사업, 많은 사람들에게 인정받는 브랜드를 만들어 놓고, 베트남으로 건너가 한국에서 못다 이룬 꿈을 그곳에서 멋지게 펼쳐보고 끝낸다.

제 **2** 장

돈이 보이는 실전 외식 창업
: 마인드편

제2장   돈이 보이는 실전 외식 창업 : 마인드편

'혁명적인 인생역전을 꿈꾸는가?'

로또 선전 문구가 아니다. 부동산이나 주식으로 한방 거머쥐자고 하는 얘기도 아니다. 이것은 창업 이야기다. 그것도 전투장 같은 외식사업에서 창업으로 대박을 터트리는 얘기다. 어떻게?

우선 외식사업 창업을 위한 실전 노하우를 미리미리 숙지하고 공부해야 한다. 집중적으로 공부하지 않고 식당을 창업하면 지난 후 땅을 치고 후회하게 될 것이다. 지금부터는 여러분이 후회하지 않도록 도와줄 핵심 '꿀팁'이 들어있는 속 깊은 내용들을 알려주겠다. 이것은 필자의 수많은 경험과 내공을 바탕으로 꾸며진 내용으로 누구도 이렇게 속 깊게 알려줄 사람은 없을 것이다.

실전 창업에서 중요한 것, 첫째는 돈도 아니고 바로 창업하려는 사람의 마음가짐, 즉 마인드다. 외식사업에 발을 내딛는 사람이라면 반드시 알아두어야 할 마인드의 기본을 알아보자.

전투 같은 식당 창업,
하시렵니까?

학원에서 요리 자격증을 따고 잠시 배운다고 창업이 가능할까? 말도 안 되는 소리다. 그 정도는 '외식사업의 신생아' 수준이라고 봐야 한다. 식당 창업에서 요리 기술은 장사에 도움은 될 수 있어도 직접 경영을 해보면 그것은 일부분일 뿐 그밖에 혼자 감당할 일이 너무 많다.

프랜차이즈 가맹점만 낸다고 끝날까? 그것은 정글 같은 외식 세계에서 무엇 하나 직접 배우지 못하는, 한마디로 경험 없는 창업에 불과하다. 잡아주는 고기만 받아먹었지 잡는 방법은 전혀 알지 못하는데 차후에 벌어질 재앙을 어찌 감당할 것인가. 1년에 프랜차이즈 가맹점 약 3만 개 점이 쓰러져 문을 닫는다. 인터넷을 보고 체인점 설명회에 갔다가 대박 날 아이템이다 싶어 대책 없이 계약하고 공부는 하지 않고 시키는 대로 시작한 창업은 한마디로 쪽박 또는 가정파괴의 지름길이다.

요리도 맛있게 잘하고 친절과 서비스, 인테리어까지 수준급. 이 정도면 외식사업을 잘할 수 있으리라 생각하지만 외식사업은 변수가 많은 사업이며, 손님은 철새와 같다. 맛과 인테리어와 본인의 아이템만 믿고 창업한다는 것은 100에 20%도 준비 안 된, 그야말로 섶을 지고 불 속으로 뛰어드는 격이다.

실전 경험 없이 교육만 하는 컨설팅, 창업 아카데미, 프랜차이즈 등에서 전문가를 만나 배운다고 성공 창업이 가능할까? 창업 입문은 하루아침에 이뤄지는 것이 아니요, 긴 세월 온몸으로 부딪쳐야 하는 일이다. 실전 없이 이론만 배운다면 처음 배운 것 하나만 알지 한 걸음도 혼자서는 나갈 수 없다.

이처럼 준비가 덜 된 창업은 무섭고 끔찍한 일이다. 그래도 식당 사업을 해야 한다면 다음을 명심하기 바란다.

첫째, 본인만의 독특한 '색'과 '끼'가 있어야 한다. 누구도 따라오지 못할 비즈니스 모델을 가졌는지 스스로 질문해봐야 한다. 둘째, 입지 선정과 업종이 맞아떨어져야 한다. 아이템도 중요하지만 절대 우선순위는 주차 문제를 어떻게 해결할 것인가이다. 셋째, 본인에게 물어라. 나는 무엇으로 손님을 감동시킬 것인가?

식당 사업은 장기 레이스다. 전략도 중요하지만 건강관리도 중요하다. 또한 꿈이 현실이 되게 하려면 남들과는 다른 필살기도 품고 있어야 한다. 더 많은 노력을 기울여야 하고 끝없이 공부해야 한다. 본인의 아이템 분야의 허와 실을 철저히 파헤쳐 매의 눈으로 모든 것을 확인한 후 출발해야 한다.

혁명적인 전략을 가진 자만이 살아남는다

앞으로도 더 경기가 안 좋은 저성장시대가 계속 될 것이다. 자영업 자체가 무너지는 현실 속에서 어떻게 살아남고 꿈이 현실이 되는 기적을 만들어낼 수 있을 것인가.

자영업자 550만 명, 은행 빚만 500조 원에 육박한다. 장사는 하고 있지만 수익이 없어 은행 돈 빌려 먹고 사는 사람들이 생계형 창업에 몰려든 결과다. 이 와중에도 저성장을 즐기며 성공하는 사람들도 있다. 답은 본인만의 독특한 아이템과 끈질긴 도전과 집념에 있다. 안 되는 이유보다는 될 수 있는 이유를 찾아 가슴 뛰는 일을 하면 어떤 분야든 성공할 수 있다.

장사만 하면 먹고는 살겠지, 그렇게 돈을 벌 수 있다는 막연한 기대, 깊이 없이 급하게 시작하는 창업, 할 일도 없고 놀기 뭐해서 시작하는 사업, 퇴직하여 돈도 있고 시간도 많아 괜찮아 보인다고 무턱대고 뛰어드는 프랜차이즈 가맹점 사업, 자식 말만 듣고 자녀들에게 사업자금 지원해주어 시작하는 사업. 이런 사업은 어느 날 정신 차려보면 쪽박이 될 가능성이 크다.

신나는 사업을 하려면 하나하나 공부하면서 출발해야 한다. 무엇보다 정말 내가 이 사업을 해야 하나 깊이 있는 고민이 필요하다. 장사를 하려면 돈도 투자해야 하지만 본인의 적성을 생각한 다음 결정해야 한다. 요리 솜씨도 있고 재미도 있어 한다면 한정식집이 좋다. 젊고 체력이 좋은 분이라면 고깃집 장사도 해볼 만하다.

자신의 성향에 따라 할 수 있는 장사의 종류는 여러 가지로 나눠진다. '아침형 인간'은 새벽부터 낮에 하는 장사를 하는 것이 유리하고, 아침 일찍 못 일어나고 오후부터 야간에 활동성이 좋은 분은 고깃집이나 술집 장사를 하는 게 맞다. 직접 사업을 해보면 자신의 적성과 성향이 업종 선택에서 얼마나 중요한 것인지 느끼게 된다.

나이가 젊은 친구라면 젊은 사람들이 많이 다니는 곳에 입지가 안 좋더라도 싸고 작은 가게 하나 얻어 열정으로 승부해야 한다. 나이 많은 분이 이런 전투장에서 장사를 하면 뭔가 보기에 좋지 않다. 어느 정도 나이가 있다면 한적한 곳에서 여유롭게 장사하기

를 권한다. 경쟁하기보다는 적게 벌더라도 양심적으로 건강을 생각하는 그런 장사를 하는 것이 정답이다. 여성분도 연령에 따라 분야를 선택하는 것이 사업을 순탄하게 하는 길이다.

자택과 거리가 먼 곳에서 창업을 해야 한다면 나를 대신할 누군가를 꼭 1명 확보해야 순조롭게 흘러간다. 가족의 협조와 소통도 중요하다. 사업을 하다 보면 돈은 벌 수 있으나 자칫 가족과 멀어질 수 있다. 또 장기적인 사업을 위해서는 자신의 건강을 챙겨야 하는데, 그래서 식사 문제가 중요하다. 식당 밥을 계속 먹을 수는 없으니 건강을 위해 자신만의 식단도 짜야 한다.

사소한 것 같지만 이런 것 하나하나가 모여 자신만의 특별한 전략이 된다. 외식 창업의 현장을 전투장이라고 할 때 전략은 그야말로 생존을 위한 필수 조건이다.

성공하고자 하는
비장한 마음이 필요하다

＊이 부분은 금쪽같은 내용이니 5번 읽고 암기하기 바란다.

장사는 개인의 전쟁이다. 요즘의 성공 창업은 가뭄에 콩 나듯 어쩌다 한 곳 정도하는 것이 보통이다. 그래도 성공하는 길은 있다.

예를 하나 들어보자. 손님이 막국수를 시켰다. 맛은 좋지만 소화가 잘 되는 막국수는 먹고 나면 뭔가 아쉽고 2% 부족한 느낌이 들수 있다. 이때 1번 사업주는 아무것도 모르고 손님이 잘 먹고 가나보다 할 것이고, 2번 사업주는 손님이 다 먹어갈 무렵 사리 하나 정도 더 드시라고 서비스할 것이고, 눈치 빠른 3번 사업주는 소비자의 심리를 읽고 추가 사리에 삶은 계란이나 작은 불고기 김밥 2줄 정도를 서비스할 것이다. 아주 깊은 본질은 따로 있지만 표면적으로 볼 때 이러한 차이가 줄서는 식당이 되느냐, 그냥 별 볼일 없이 망하는 식당이 되느냐의 차이를 나타낸다.

자세히 관찰해보면, 1번 가게는 장사만 할 뿐 무계획이고, 공부도 안 한다. 2번 가게는 번듯하지만 특별한 뭔가가 없고, 프랜차이즈 본사에서 시키는 대로 영업하는 곳이다. 3번 가게는 3박자를 고루 갖춘 집으로, 경영주의 전략가적인 정신 무장, 손님의 마음을 파고드는 확실한 메뉴, 차별화된 서비스와 디저트까지, 어떤 손님이라도 대접받는 기분으로 다시 찾아오게 된다. 간절한 열정을 가진 예비 창업자라면 앞으로 3번 가게의 경우를 집중 공부하고 연구해야 한다.

대한민국 자영업은 누구나 마음만 먹으면 사업자등록증 1장으로 시작할 수 있다. 식당 사업은 하루 몇 시간의 형식적인 교육을 이수하고 수료증 1장만 받으면 할 수 있다. 제도적으로 누구나 쉽게 시작할 수 있도록 되어 있다. 물론 망하든 흥하든 개인의 자유겠지만 현재 대한민국의 실정으로는 '창업자의 무덤'이라는 말이 나오는 것이 당연할 지경이다.

웬만한 곳에 취직 좀 하려해도 충실히 공부해야 하고, 기술도 한동안 배워 자격증을 따야 일을 할 수 있고, 운전 또한 이론 공부를 하고 합격한 후 다시 실기와 주행을 모두 통과해도 운전면허증 달랑 1장 받는다. 그런데 그 사람의 전 재산을 투자하기도 하고 온 가족이 동원되어 밤늦게까지 노력해도 망할 확률이 80% 이상이며, 한 가정이 엄청난 고통과 절망에 빠지기도 하는 위험이 도사리고 있는 자영업과 외식사업은 달랑 하루 몇 시간 때우기 교육으로 시작한다. 이것은 상식적으로 납득이 가지 않는다. 위험천만한 음주운전을 방치하는 것과 다를 바가 없다.

내가 외식 창업에 뛰어들 때는 주식으로 많은 돈을 잃어버리고 여러 가지 소자본 창업도 실패한 후였다. 그래서 그때 간절한 심정으로 3개월간 저녁마다 남의 식당에서 무임금으로 알바생처럼 일하면서 현장 체험 교육을 했다. 그로 인해 창업과 식당 운영이 순조롭게 연결되었다. 철저한 준비와 경험이 필요하다는 말이다.

아직도 우리 주변에 '할 것 없으니 식당이나 한 번 해볼까?' 혹은 '자식이 놀고 있으니 식당이나 하나 차려줄까?' 이런 생각을 하는 사람들이 있다는 게 너무 한심스럽다. 얼마나 무서운 곳인지 모르고 너무 쉽게 뛰어든다. 앞에서도 언급한 것처럼 식당 창업은 전투장과 같다. 중무장하고 고도로 훈련된 전략가도 쉽게 실패하는 곳이 바로 외식사업의 세계다. 그러니 부디 정말 고민하고 또 고민한 후에 비장한 각오로 필드에 뛰어들기 바란다. 절대 실패하지 않을 나를 담금질하여 사방천지 널려있는 돈을 쓸어 담을 준비가 되었을 때 창업이라는 소용돌이 판에서 한바탕 춤판을 벌려보자는 얘기다.

신나는 외식 경영의
기본은 창업가 정신

신나는 외식사업 경영이란 뭘까? 줄서는 가게를 만들어 놓고 점 장이 나를 대신해 모든 것을 움직여주고 나는 여유롭게 라운딩이 나 즐기며 저녁 때 잠시 가게에 들러 그날의 매출 사항을 보고받 고 행복한 기분으로 바로 퇴근하는 것. 다들 장사가 힘들다고 할 때 나의 가게는 늘 호황을 누리고, 문만 열면 매일 매일 즐거운 비 명을 지른다. 2호점, 3호점은 어디에 낼까 행복한 고민을 하고 여 기저기서 체인점 좀 내달라고 아우성이다. 불황일 때 구조적으로 더욱 대박이 날 수밖에 없는 그런 가게. 상상해보라. 생각만으로도 기분 좋아지지 않는가? 상상 속에서나 가능한 일이라고? 천만의 말씀. 이런 신나는 외식 경영은 누구에게나 가능한 일이다. 창업가 정신만 있다면 말이다.

TV에서 현대자동차 정몽구 회장이 백발의 머리칼을 하고서 차량 밑에 들어가 이모저모를 살피는 것을 보면서 생각했다. 저 분이 돈 더 벌려고 저렇게 할까? 아니다. 바로 저런 것이 창업가 정신이다! 창업가 정신은 대기업 회장에게만 필요한 것이 아니다. 크든 작든 모든 사업을 하는 사람에게 필요한 기본 마인드가 창업가 정신이다. 이런 불굴의 정신무장을 갖춘 사람이라면 10년만 간절한 마음으로 충분히 뛴다면 단언컨대 100% 성공한다고 장담할 수 있다.

이런 얘기를 하면 "할 게 없는데 뭘 해?"라고 하는 사람들이 있다. 할 게 왜 없나. 가까운 일본, 중국, 대만의 먹거리들만 자세히 들여다봐도 할 게 널렸다. 여유가 있는 분이라면 규모가 있는 사업 아이템을 도입하고 소자본 창업을 생각하는 분이라면 디저트나 간식거리 등의 아이템을 찾아 우리 실정에 맞게 바꾸면 손님들의 호기심을 자극해 장사가 잘 된다. 이런 간식 아이템은 아주 작은 가게를 임대해 시작할 수 있다. 아예 점포를 임대하지 않고 하는 방법도 있다. 요즘 휴대폰 가게들은 전반적으로 입지가 좋은 점포를 차지하고 있지만 장사들은 잘 안 된다. 그런 가게 앞 공유 면적을 살

짝 빌려서 창업을 할 수도 있다. 남의 가게에 빌붙는 것 같아도 이게 잘만하면 서로 윈윈하는 좋은 일이다. 큰 돈 안 들이고 좋은 위치의 장소에서 장사할 수 있는 길이 열리는 것이다.

그도 아니면 전국에서 열리는 축제나 행사 현장을 찾아다니며 노점식으로 장사를 할 수도 있다. 이것도 나름 신나는 일이다. 물론 번듯한 가게를 차려놓고 하는 장사에 비하면 초라하고 힘도 들겠지만 원래 창업이라는 것이 어렵고 힘든 일이다. 하지만 도전해 볼 만한 가치가 있다. 도전하는 창업가 정신으로 신나는 외식 경영의 세계로 당차게 뛰어들어보자.

창업에서
목표가 확실한 사람과
불분명한 사람의 차이

뭘 하든 우리 삶에서 목표는 정말 중요하다. 확실한 목표를 정해놓고 전력투구 하는 사람과 그러지 못한 사람과의 차이는 성공을할 수 있느냐 없느냐로 나타난다. 시련도 이겨낼 목표를 정했으면자신을 의심하지 말고 정해진 곳까지 그대로 가는 것이다.

얼마 전 울진, 삼척 산행길에 칼바람과 눈, 비가 몰아치는 최악의 악천후를 만났다. 그 속에서도 정상에서 반드시 인증샷을 찍고 와야 한다는 생각으로 정신무장하고, 모든 걸 참고 끝까지 완주했다. 이렇게 독한 목표가 없다면 대부분 중간에서 포기하고 내려갈 것이다.

오래 전 나는 성수동에서 당구장을 인수하여 큰 실패를 한 경험이 있다. 당구장을 인수하기 전에는 겨울에 시간이 많아 틈만 나면 당구를 즐겼다. 손님으로 있을 때는 장사가 쉬워 보이고 놀면서 돈도 많이 벌 것 같아서 구체적인 고민 없이 무턱대고 그동안 번 돈을 몽땅 쏟아 부어 인수했다. 그런데 막상 영업을 해보니 내 체질과는 정반대의 분야로, 도저히 오래 할 수 없는 사업이었다. 낮에만 장사하던 사람이 밤 장사로 바뀌니까 건강과 가정생활까지 문제가 발생했다. 이렇듯 간절한 목표 없이 겉만 보고 달려드는 것은 오래 가지도 못할뿐더러 상처만 남기게 된다.

나의 지인 한 분이 IMF 때 한 푼도 없는 빈털터리가 되었다가 나의 조언과 주변의 도움으로 외식사업을 하여 15년 만에 수십억 재산을 모았다. 아픔과 고난이 큰 만큼 절실한 심정으로 뚜렷한 목표를 세웠기에 가능한 일이었다. 그런데 그 후 사업이 어느 정도 궤도에 오르자 목표의식은 온데간데없고 욕심만 가득하여 본인이 잘 모르는 부동산에 많은 돈을 투자했다. 은행 돈까지 빌려 매입한 것이 회전이 안 되면서 한 곳이 경매에 부쳐지고, 나머지도 연쇄적으로 경매에 걸려 그동안 번 모든 재산을 또 다시 몽땅 날려버리고 물거품이 되었다. 지금은 작은 원룸을 하나 얻어 힘겹게 살고 있는 것

을 보면서 우리 인생에서 목표라는 것이 얼마나 큰 축복인지 새삼 느끼게 된다.

준비 없이 자영업에 뛰어들면 망해먹기 십상이라는데 수많은 고민 끝에 창업을 했다면 당연히 목표는 성공이어야 한다. 목표를 세웠으면 책임감을 갖기 위해서라도 말이 씨가 되게 지속적으로 주변에 이야기해야 한다. 그래야 그쪽만 바라보게 되고 목표를 향해 매진하게 된다.

'그래, 나는 무조건 성공한다.'

'나는 성공할 수 있어!'

'세상이 아무리 어렵다 해도 나는 해낼 수 있어.'

본인 스스로 이러한 신념과 자신감을 가지고 두려움을 걷어내야 한다.

성공을 목표로 삼았다면 우선 자신이 준비하고 있는 아이템의 업종 중에서 장사가 아주 잘 되고 있는 가게와 장사가 안 되는 가게 2곳을 선정하여 철저하게 파헤쳐봐야 한다. 왜 안 되고 무엇 때문에 잘 되는지 2달 정도만 조목조목 파고들어 보면 답이 보인다. 성공을 꿈꾸는 창업주라면 이런 수고는 당연하게 생각해야 한다. 이렇게 지독한 마음과 집념을 가져야 성공이 보인다.

관찰하는 경영주가 되어라

   그렇게 창업을 했다고 끝나는 것이 아니다. 그 다음엔 목표를 향해 착실히 전진해야 한다. 그러기 위해서 몇 가지 반드시 실천해야 할 것들이 있다. 직원들보다 한 발 먼저 가게의 모든 일을 파악하고 있어야 하고, 리더로서 솔선수범과 용기 있는 결단력을 보여야 직원들이 따라온다. 또한 경영주는 항시 직원들에게 무슨 서비스로 감동을 줄까도 생각해야 한다. 요즘에는 직원 채용에도 상당히 신경을 써야 한다. 함량 미달의 직원이 올 수 있는데 잘못 채용했다가는 큰 낭패를 당할 수 있다.

   경영주는 매일매일 음식을 관찰해야 한다. 남은 음식물을 재사용하지는 않는지, 어떻게 보관하고 있는지, 다시 나올 때는 끓여 나오는지 등을 한 번만 보고도 척 알아내어 잘못되었다면 즉시 시정해야 한다. 손님이 없는 시간대에 주방 일과 홀 일을 연계하여 틈나는 대로 미리미리 준비하도록 여건을 만들어놔야 한다. 직원들 모두 퇴근한 후나 가게가 쉬는 날 가끔 한 번씩 주방 냉장고를 점검하고 상하수도관, 주방 바닥, 가스까지 가게 전체를 점검해둬야 한다. 그래야 가게의 문제점도 알고 위생 점검도 안심할 수 있다.

재료 구입처도 다양하게 찾아봐야 한다. 한 곳에만 의존하지 말고 여러 곳과 거래해본 다음 양심껏 하는 곳과 거래하되 수개월에 한 번씩 거래 중단이라는 강수를 두어야 거래처에서도 장난을 안치게 된다. 재료 구입은 까다롭게 해야 속지 않고 차질 없이 제때 입고된다.

이처럼 성공적인 창업주가 되기 위해서는 생각할 것도 많고 해야 할 것도 많다. 처음 목표한 대로 초심을 잃지 말고 끈기 있게 하다 보면 수익으로 보상받게 되는 날이 반드시 올 것이다.

돈이 없어 시작하지
못한다는 건 핑계일 뿐이다

　지금 돈은 없지만 장사를 하고 싶은가? 물론 가정 형편에 맞춰서 해야 하고 절대 무리해서는 안 되지만 소자본으로 할 수 있는 장사도 얼마든지 있다. 장사를 하고 싶은 분들 중에는 아이템이 있는 분도 있을 것이고, 아이템은 없지만 일손이 여럿 있고 무엇이든 잘할 수 있다는 자신감 충만한 분도 있을 것이다. 내 생각으로는 소자본 창업이 이 시대에는 훨씬 유리하다. 그러니 당장 돈이 부족하다고 걱정할 일이 아니라는 말이다.

　소자본 창업은 대부분 가족끼리 장사를 시작하니까 지출이 적고 오래 버틸 수 있다. 의사결정도 하기 쉽기 때문에 부지런하고 끝없이 공부한다면 큰 사업의 기초를 튼튼히 쌓을 수 있을 것이다. 그런 의미에서 적극 추천하고 싶다. 경험도 없이 많은 돈을 투자하여 잘못될 경우에는 엄청난 데미지가 생기지만 돈 없이 시작하는 창업은 실패해도 경험은 쌓이기 때문에 결코 헛된 것이 아니다. 한 번 해보자는 의지가 확실하고 여기에 일손이 되어줄 가족이 있다면 충분히 성공할 수 있다고 본다.

한 예를 보자. 고양시 원당 뒤쪽에서 보리밥집 하는 분과 경남 사천에서 추어탕집 하는 분의 이야기다. 두 분 모두 서울과 부산에서 한마디로 쫄딱 망해본 경험이 있다. 갈 곳은 없고 식구들은 많고 하여 지방 소도시 근교 후미진 곳에 허름한 집을 월세 내어 정착해 살면서 식당을 시작했다. 그리고 창업 10년 만에 건물을 샀다면 믿을 수 있겠는가? 성공 요인은 가족이 똘똘 뭉쳐 살아야 한다는 절박한 심정으로 엄청난 노력을 한 결과였다.

장사는 하고 싶지만 돈이 없어 못 한다거나 경기가 나빠서 못 한다는 이런 말 하지 말고 본인의 마음과 몸이 시킬 때, 즉 내가 생각한 아이템이 당길 때는 오지에서라도 과감히 시작해야 한다. 돈 없으면 아이디어로 하고, 아이디어가 없으면 속도와 부지런함으로 하면 된다. 정말 돈은 없는데 장사를 하고 싶다면 최선을 다하는 걸로는 부족하다. 자신이 하는 일에 목숨을 걸고 몰입하여 미친 열정으로 뛰어야 한다. 그러면 충분히 위대한 일을 해낼 수 있다. 나는 성공한다는 강한 신념과 뒤집어 보는 생각의 전환, 자신의 능력에 맞는 장소와 업종, 본인의 적성에 맞고 좋아하는 일을 하는 것, 이것들이 맞아떨어지면 아무리 작은 가게라도 즐겁게 할 수 있다.

때론 자신이 잘 아는 지역보다 모르는 곳에 뛰어드는 게 나을 수 있다. 지역을 속속들이 알고 있으면 오히려 고정관념에 사로잡힐 우려가 있기 때문이다. 너무 상세한 지식을 가지고 있어도 저돌적으로 일을 추진하기 어렵다. 어느 정도의 무모함이 오히려 사업에는 플러스가 된다. 돈은 없지만 몸은 이미 장사를 할까 말까 한다? 이럴 때는 무조건 하는 게 정답이다. 머릿속 탁상공론만으로는 아무 일도 못 한다. 멘탈이 강한 사람은 일단 저지르고 본다.

내가 아는 한 분도 돈도 없고 나이도 많아 아무것도 못 하고 고민만 하다가 재래시장 뒤쪽 구석에 작은 가게를 임대하여 머리고기 삶는 순댓국 전문점을 오픈했다. 총 투자비 2,000만 원. 부부가 죽기 살기로 돼지머리를 바로 삶아 대접한다는 마음가짐으로 노력했다. 그리고 3년 만에 시장 앞쪽 큰 가게로 이전한 후 지금은 대박 가게로 성공가도를 달리고 있다. 여기서 우리는 하고자 하는 의지와 실행하겠다는 정신무장이 얼마나 중요한지 알 수 있다.

어설픈 자만심이 가게를 망친다

　예비창업자라면 누구나 목 좋고 번듯한 가게에 시설도 멋지게 갖추고 폼 나게 장사를 해보고 싶을 것이다. 그러나 좋아 보이는 아이템에 확신이 서도 경험이 없다면 돈이 있든 없든 유혹을 뿌리쳐야 한다. 처음에는 최소 비용으로 할 수 있는 가게를 찾아 경험을 쌓아가야 자신감이 생겨 2차, 3차는 더 잘할 수 있다.

　오랫동안 잘되는 가게의 조건을 보면 입지와 주차장도 중요하지만 맛과 양, 가격이 최고의 비결인 것을 볼 수 있다. 자만하지 말고 초심대로 경영을 해야 오랫동안 사랑을 받지, 경영주가 초심을 잃고 자만심이 생기면 가게에 빈자리가 슬슬 늘어나고 망하는 건 금방이다.

한 예로, 음식의 양을 많이 주면 손님 세 사람이 와서 2인분만 시켜 나눠 먹기도 한다. 잔머리를 굴리는 경영주는 음식 양을 팍 줄여버린다. 그러면 그 손님들을 다음에는 볼 수 없다. 이런 방법은 하수들이 하는 짓이다. 역으로 그런 손님일수록 신경을 더 많이 써서 양을 충분히 주고 서비스를 해주면 어느 날부터는 미안하고 고마워서라도 주위에 그 가게를 알리는 홍보요원이 된다.

창업할 마음을 먹고 나면 남의 가게를 많이 돌아다녀 본다. 세상에 없는 것을 찾아낸다는 건 불가능하다. 그래서 모방이 쌓이

면 혁신이 된다. 그런데 모방을 잘만 하면 본인의 성장 동력이 되 겠지만 어설프게 남 따라서 창업을 하면 큰 코 다칠 수 있다. 가 능하면 남이 하지 않는 방식을 찾아내야 한다. 대충 따라 해도 잘 되겠지 하는 안이한 생각, 그것도 자만심이다.

서울이든 지방이든 큰 유행이 아이템인데 우리 지역에는 아직 진입한 곳이 없다면 그럴 때 선점하는 것이 유망하다. 그래서 자 영업자도 본인이 하고 있는 분야의 공부를 소홀히 하면 안 되고 시간 나는 대로 답사도 많이 다녀야 한다.

어렵게 창업한 가게,
권리금 몇 푼에 눈멀지 마라

　큰 장사의 속을 모르는 사람들은 가게를 적당히 차려 후딱 권리금 받고 팔기를 여러 번 반복해야 돈 번다고 생각한다. 참 몰라도 너무 모르는 소리다. 이렇게 하는 건 경영이 아니라 '칼 치기'하여 쥐꼬리만큼 잘라 먹는 '좀꾼'에 불과하다. 또한 그렇게 생각대로 여기서 해먹고, 저기서 해먹을 수 있을 것 같겠지만 천만의 말씀이다. 분명 많은 공백이 생긴다. 그 사이 조금 받은 권리금은 순식간에 날아가고 뜬구름 잡기에 불과하다.

　창업은 정말 심사숙고하여 결정하고 한 번 잡은 기회는 주변의 유혹과 눈앞의 이익에 현혹되지 말고 끝까지 간다는 각오로 해야 한다. 어떻게 하면 손님을 사로잡을 것인가 연구하며 더더욱 퍼주면서 장사해야 하고, 내 건물에서 올바른 장사를 하면서 조금씩 확장해나가야 한다. 그렇게 꿈이 실현되는 참맛을 보는 것이다.

우리 주변에서 잘 되던 가게가 어느 날 주인이 바뀌어있는 걸 심심찮게 볼 수 있다. 처음 계획한 메뉴를 고수하면서 조금만 참고 견디면 좋은 날이 보이는데 그 잠시를 못 참고 계속 메뉴를 덧붙이다가 나중에 보면 처음의 전문성은 어디로 갔는지 보이지 않고 메뉴가 뒤죽박죽이 된다. 경영주의 고집스러운 주관 없이 손님 말에 귀가 솔깃하여 가게를 망쳐 먹고 만다. 그래서 늘 공부해야 하고 기본을 알아야 한다고 강조하는 것이다. 초심을 지키는 것이 바로 거기에서 비롯된다.

내가 자주 가는 단골집의 사장님이 있는데, 조그만 가게에서 해장국을 팔았다. 그런데 몇 개월 전에 그 가게가 좁다면서 인근 큰 가게로 옮기고 원래 메뉴를 버리고 삼계탕집을 인수했다. 그런데 삼계탕은 비수기에다 AI까지 유행하면서 매달 적자만 1,500만 원이 난다고 한다. 전에 하던 작은 해장국집은 매달 순이익이 800만 원이었는데 말이다. 결과적으로 엄청난 손실과 마음고생만 떠안게 되었다. 순간의 잘못된 결정이 본인의 인생길에 크나큰 악재로 다가온다는 사실을 명심하자.

초보자가 남이 하던
가게 인수 시 주의할 점

　준비가 전혀 안 된 상태에서 의욕만 가지고 남이 하던 가게를 인수 받는 분, 프랜차이즈 가맹점을 내신 분, 남이 하던 체인점을 인수하신 분. 이분들께 피 같은 돈을 투자하는 사업인데 공부 좀 하고 사업하시라고 말하고 싶다.

　우선 경제에 대한 관념부터 가져야 한다. '경제'는 우리가 살아가면서 꼭 필요한 단어다. 경제가 뭔가. 우리가 먹고 살아가는 것이다. 직장을 다니고 사업을 하고 돈을 모아 어디에 투자하고 언제 기회를 찾는지 등 이 모든 것이 경제관념이다. 적어도 20대부터는 경제관념이 몸에 배이도록 누군가에게 배워야 하고 스스로도 노력해야 한다. 자녀들에게도 일찍부터 경제관념을 심어줘야 커가면서 관심을 가지게 된다.

그런데 내 눈에는 경제관념이 없는 엉터리 사업주가 너무 많다. 남이 하던 가게가 좋아 보이니까 앞뒤 안 가리고 비싼 권리금 주고 덜컥 인수하여 경영하는 것을 보면 고생만 하다가 망해먹으려고 작정한 사람으로 보인다. 본인이 팔고 있는 음식이 어떻게 만들어지고 있는지, 손님들에게 제대로 나가고 있는지 뭘 알아야 직원들에게 지적을 하고 개선을 할 텐데 주방장과 찬모만 바라보고 있다. 의욕과 돈만 앞세워 인수한 장사는 대부분 경험만 얻고 끝나는 것에 불과하다. 결국 실패로 끝날 확률이 매우 높다는 얘기다.

본인의 색깔과 전략, 남다른 비즈니스 모델을 가지고 있어도 전투장 같은 외식사업에서 살아남기 어려운데 남이 잘 차려놓은 밥상이 보기 좋다고 숟가락만 얹어보려는 심산으로는 성공하기 힘들다. 먹어보면 가시투성이다. 실질적으로 제1선에서 음식을 만들어내는 주방장과 찬모 중 일부는 '떳다방'처럼 이 가게 저 가게 오픈용으로 돌아다니는데, 그 수가 상당히 많고 그 사람들이 만들어내는 음식은 3류 음식으로 말만 번지르르하지 내용은 하나도 없다. 그 사람들을 믿고 시키는 대로 장사했다가는 1년도 못 가 문을 닫게 된다.

만약 초보라도 각오가 확실하다면 잘해낼 수 있다. 아침에 남보다 1~2시간 먼저 장사를 시작하여 주방과 홀을 미리 점검한다. 오후 점심시간이 끝나면 홍보와 답사를 다녀야 하며 늘 본인 가게의 문제점을 찾아 연구하고 분석해야 한다. 운동선수들도 연습량에 따라 성적이 확실하게 달라지는 것을 볼 수 있다. 여러분도 노력하면 달라질 수 있다. 쉽게 얻어지는 것은 하나도 없다. 대박을 꿈꾼다면 꼭 공부하고 시작해야 한다.

큰 장사의 포부를 가진
예비 창업자,
원대한 꿈을 가져라

  꿈은 크게 가져야 한다. 그런 의미에서 창업자들이 마음속에 깊이 새겨둘 만한 성공자들의 이야기를 해볼까 한다.

  어느 늙은 외판원의 이야기다. 51세의 믹서기 사업가 '레이.' 그는 늘 하는 사업마다 실패하여 장사꾼으로서 소질이 없는 것처럼 보였다. 그런 그에게 우연한 기회가 찾아왔다. 어느 날 유난히 많은 믹서기를 주문한 업체 한 군데가 눈에 띄었다. 대체 어떤 곳일까 호기심이 생긴 그는 그 가게를 방문했다. 그리고 너무도 놀랐다. 청결, 시스템, 맛, 가격, 모든 것이 완벽했던 그곳은 두 형제가 운영하고 있는 시골의 작은 햄버거 가게였다. 레이는 이런 가게라면 프랜차이즈를 운영해도 좋겠다는 생각이 들어서 가게 주인에게 이야기했다. 그러자 가게 주인은 의아하다는 표정을 지으며 이렇게 물었다.

"이런 매장을 우리 말고 누가 운영하려 하겠습니까?"

"바로 내가 하겠소!"

겨우 영업권을 따낸 레이는 시카고에서 프랜차이즈 1호점을 내게 된다. 이 가게 이름이 바로 그 유명한 '맥도날드'다. 시골의 작은 가게를 지금의 맥도날드로 키워낸 레이 크록, 그는 맥도날드 형제와 계약을 하던 순간 이렇게 말했다.

"나의 전성기는 아직 시작되지 않았다."

그는 수많은 실패에도 불구하고 스스로 사업에 소질이 없다고 생각하지 않았다. 다만, 아직 전성기가 오지 않았을 뿐이라고 생각했다. 혹시 자신이 소질이 없는 것 같다고 느껴지는가? 아직 떡잎에 불과한데 왜 벌써 열매가 없음을 탓하는가. 부족함은 '아직'의 증거이지 '소질 없음'의 증거가 아니다.

국내에도 귀감이 될 만한 사례가 많다. 경기도 전체 외식사업체 중에서 단일가게 매출 순이익으로 최상위권을 다투는 집이 있다. 그곳을 집중 연구해보자. '송추 가마골 갈비'라는 곳이다. 이곳이 성공할 수 있었던 이유를 분석해보면 다음과 같다.

첫째, 서비스가 남다르다. 고기를 드시는 모든 고객이 마음속으로 대접받는 기분이 들도록 구조적으로 잘 되어있다. 둘째, 맛이 좋다. 수입산 고기지만 고기가 연하고 남녀노소 누구나 좋아할 맛이다. 셋째, 키포인트는 여기에 있는데, 고기에 따라 나오는 채소류가 일품이다. 아마 타의 추종을 불허할 것이다. 그릇부터 품위가 있고 맛깔스럽게 나온다. 또한 채소와 밑반찬 가짓수가 다른 업체와는 완전 차별화되어 있다. 넷째, 디저트도 잘 되어 있고 매장이 안락하다. 다섯째, 주차시설이 풍족하고 주차요원도 잘 배치되어 있다. 여섯째, 총 경영주가 천재적인 경영 서비스 마인드를 가졌다. 일곱째, 직원 교육이 국내 최고라는 생각이 든다. 홀과 주방 시스템에서 배울 점이 많다. 여덟째, 브랜드 파워가 장난이 아니다. 아무리 오지에 오픈해도 바로 손님이 초만원이다.

사실 나는 이 분이 외식사업에서 걸어온 길을 조금 아는데, 이 분야에 대한 공부를 많이 한 분이다. 결론적으로 말해서 현재 국내에서 현존하는 개인 외식사업 업체 중 최고의 사관학교라고 할 수 있다. 예비창업자들은 이곳을 롤 모델로 삼아야 한다.

다음 소개할 곳은 '갈릴리 농원 장어집'이다. 23년 전 내가 일산에 처음 왔을 때 나들이차 자유로를 타고 가다가 파주 낙하리에 위치한 갈릴리 장어집을 방문했다. 당시 그곳은 비닐하우스 두 동에 장어 양식장이 있고 그 앞 야외 난전에서 장어를 구워먹는 곳이었다. 한마디로 정상적인 식당이 아니라 손님 각자가 음식을 싸와서 장어랑 함께 먹는 그런 곳이었다. 그런 장어집이 20여 년 만에 경기도 단일가게 최고 매출을 자랑하는 위치에 올라왔다. 성공요인을 살펴보면 다음과 같다.

첫째, 직접 양식업을 한다. 그러다보니 바로 잡아 싱싱하고 맛이 좋다. 양도 많이 준다. 둘째, 이 집의 키포인트는 내 맘대로 음식물을 싸와서 장어랑 함께 먹을 수 있다는 것이다. 채소와 양념류, 마늘 등은 무한대로 준다. 여기에 숯불이 아주 좋다. 셋째, 나

들이길 주차장이 넓어 아무리 많은 손님이 와도 쉽게 주차할 수 있다. 다시 정리하자면 직접 양식을 하여 그 자리에서 싱싱한 장어를 바로 잡아주고 각종 채소와 양념류, 숯불에 자리 제공만 한다. 손님은 마음대로 소풍 온 기분으로 각자 싸온 음식을 눈치 안 보고 먹을 수 있다. 경영주의 편의 제공과 손님의 욕구가 서로 맞아 떨어진 것이다.

만약 똑같은 조건에서 똑같은 장사를 하라고 하면 여러분도 이들처럼 성공할 수 있을까? 그것은 장담할 수 없다. 하지만 이들처럼 큰 장사를 하겠다는 포부는 가질 수 있다. 그 포부를 현실로 만드는 것은 각자의 노력에 달려있다. 지금 이 순간 이 책을 보며 자신의 멋진 미래를 그리고 있는 여러분은 이미 원대한 꿈에 한 발짝 다가섰다. 결코 포기하지 말고 다음 한 발짝을 힘차게 내딛기 바란다.

은퇴 후 창업으로
'제2의 인생'을 살 수 있다

＊ 시니어들에게 정말 중요한 부분이다.

나이 먹어 하는 사업은 정말 조심스럽다. 잘못되면 당장 노후를 걱정해야 하기 때문이다. 지금 우리 사회는 50~70대에도 그냥 놀 수 없는 것이 현실이다. 대부분 은퇴 후를 생각하며 뭔가 새로운 일을 해보고 싶은 마음이 강하다. 경험도 많고 세상을 바라보는 눈도 넓다. 아는 것도 많다. 그러나 잘못될까봐 실행에 옮기지 못한다. 실패의 두려움을 이겨내야 하는데 쉽지 않다. 젊은 날에는 세상 무서운 걸 모르니 무모하게 덤볐는데 나이 먹고 시작하려니 너무 세세히 알기 때문에 오히려 더 앞으로 나갈 수 없다. 이래저래 고민이 많은 시기다.

　뉴스를 보면 이런 내용의 기사가 나온다. '기대보다 빠르게 은퇴한 60대들이 섣불리 창업에 나섰다가 실패하는 경우가 3명 중 2명', '고용 없는 나 홀로 자영업자 400만 시대.' 이런 이야기를 들으면 창업이라는 것이 암울하고 고통스러운 것으로 느껴진다. 그러나 즐기는 창업으로 제2의 인생을 사는 사람도 있다. 어떻게 하면 실패하지 않고 건강하게 새로운 일에 빠져들 수 있을까?

　은퇴 후 또 다른 일에 맛을 들인다는 것은 젊음으로 돌아가 건강한 자신감과 희망이 솟는다는 것을 의미한다. 평생을 직장생활 하면서 남의 일만 하다 끝낼 것이 아니고 내가 꿈꿔온 나만의 창업을 한번쯤 해보는 것은 어떨까. 가정과 아이들, 그리고 주변의 지인들에게 자신의 존재감을 보여주고 성취감도 크게 다가올 것이다. 세상을 너무 피하기만 하다 보면 자신이 작아 보여 미워진다. 물론 아내들은 사업을 하겠다고 하면 반대를 많이 한다. 그 나이에 무슨 창업이냐고. 하지만 창업가 정신으로 이 모든 걸 이겨내야만 본인의 마음속에 금자탑을 세울 수가 있는 것이다. 수많은 세월동안 보고 듣고 느끼며 쌓인 경륜으로 내가 해보고 싶었던 그 일에 마지막으로 도전은 해보고 끝내야 한다. 세월은 기다려주지 않고 우물쭈물 하다가는 정말 요 모양 요 꼴 나는 게 인생이다. 내 인생 내 맘대로 잠자는 마음속 의욕을 끌어내어 미친 열정으로 신선 같은 창업을 해보는 것이다. 생각만 해도 가슴이 뛴다.

제주 사계리에 사는 박 모씨. 퇴직 후 62세에 올레길을 걷다가 바닷가에 입지 좋은 농가주택을 발견한 그는 즉시 구입 후 신축하여 카페를 창업했는데 초대박이 났다. 시니어들은 부동산에 경험이 많아서 좋은 물건을 알아보는 밝은 눈을 가졌다. 나이 많다고 뒷걸음질만 치지 말고 가지고 있는 장점과 경륜을 30%만 푼다면 젊은 친구들보다 훨씬 앞서갈 수 있다.

요즘 작은 병원들도 여러 의사들이 뭉쳐 공동 창업을 하고 모두가 원장인 체제로 간다. 즉, 시니어들도 이렇게 뭉치면 얼마든지 멋진 창업을 할 수 있다. 부동산 사무실만 보더라도 합동으로 조금씩 모아 창업할 수 있다. 1명은 상가를 전문으로 하고 1명은 땅, 또 1명은 집 등으로 역할 분담을 한다면 재미도 있고 희망도 생긴다. 이렇게 창업을 하면 아파트 경비로 취업하는 것보다는 훨씬 나을 것이다.

외식 창업도 마찬가지다. 혼자 모든 걸 감당하기엔 벅차고 리스크 등에 대한 걱정으로 잠도 안 올 수 있다. 하지만 2~3명 이상만 힘을 합치면 무서울 게 없다. 옛날처럼 동업이라는 개념보다는 최소 자금만 가지고 기업의 주주로 참여한다는 생각으로 시작하는 것이다. 출근하여 일하는 데 포커스를 맞추면서 매달 수익금으로 약간의 인건비와 배당을 받으면 된다. 이렇게 창업을 한다면 출근하는 매일이 신나지 않을까? 찾아보면 5천만 원 이하의 투자로 시니어에게 적합한 창업거리는 널렸다. 나의 형님도 60세가 넘어 3,500만 원 투자한 국수집에서 월 300~800만 원까지 순이익을 보고 있다.

그래도 감이 안 오는 분들을 위해 한 가지 재미있는 창업의 예를 구성해볼까 한다. 4월이면 산에 들에 나물들이 정신없이 올라온다. 제일 먼저 올라오는 새싹을 낫으로 베어다가 삶은 후 말려서 포장한다. 이것을 한정식당이나 비빔밥집, 인터넷 등에 판매하면 끝내주게 팔려나간다. 그럼 이런 사업은 어떻게 시작할까? 아주 적은 돈으로 본인이 살고 있는 곳 주변에 작은 비닐하우스 1동을 빌린다. 하우스 안에 나물 삶는 큰 통 1개를 갖다 두고 하우스 절반에 나물 말리는 그물망을 설치한다. 여기에 건조용 대형 선풍기 등을 구입하면 총 투자비 200~300만 원 정도로 창업이 가능하다. 이런 일은 젊은 사람들보다 50~70대가 더 잘할 수 있다.

나도 수년간 주변의 밭과 들에서 제일 많이 자라는 망초대를 베어다가 삶아 말린 후 포장해두었다가 가끔 나물반찬을 해먹는다. 주변에 선물하면 웬 비싼 자연산 나물을 주느냐고 무척 고마워한다. 대부분 사람들은 지천에 널린 풀을 보면서도 어떻게 먹는지 모른다. 그런 걸 베어다가 한 번 먹어보라고 하면 다들 좋아한다. 이렇게 눈만 크게 뜨면 사방에 돈이 널려있다는 사실! 창업이라는 것은 그렇게 시작하는 것이다. 즉, 창업의 본질은 거창한 게 아니고 '즐기는 일'이 정답이다. 나이 많다고 포기하지 말고 또 다른 삶에 도전해보길 바란다.

마지막으로 은퇴 후 창업을 계획 중인 분들이 반드시 명심해야 할 사항을 정리하면 다음과 같다.

첫째, 전부를 거는 창업은 절대 No. 소자본 창업이 답이다.

둘째, 평소에 하고 싶고 잘할 수 있는 사업으로 목표가 뚜렷해야 한다. 단기로 끝낼 것인가, 장기로 갈 것인가를 분명히 선택해야 한다.

셋째, 경쟁 업체가 많은 곳은 피하는 게 좋고 나 홀로 여유롭게 할 수 있는 곳을 선택해야 마음이 편하다.

넷째, 창업은 꼭 돈 버는 일에 역점을 두지 말고 '나의 아지트'를 만들어 날마다 출근하는 즐거움을 누린다고 생각하고 거기에 포커스를 맞추는 것이 좋다. 그리고 천천히 그 지역의 대표 브랜드로 키워내는 것이 정답이다.

 다섯째, 즐기는 사업을 하다 보면 생활의 활력과 자신감도 생기고 돈도 따라올 것이다.

제 3 장
돈이 보이는 실전 외식 창업
:기술편

제3장   돈이 보이는 실전 외식 창업 : 기술편

 지금 이 책을 읽고 있는 여러분은 복권에 당첨된 사람이다. 누구도 이렇게 속속들이 알려줄 사람은 없기 때문이다.

 이제 막 창업을 결심한 분이라면 아는 것보다 모르는 것이 많을 것이다. 혼자서 다 하려니 막막한데 누구 하나 속 시원히 가르쳐주는 사람이 없다. 답답한 마음에 창업 관련 강의도 찾아보고 책도 뒤져보지만 정작 필요한 정보들은 없고 죄다 말만 번지르르한 이론만 무성하다. 역시 혼자서는 안 되나 싶어 프랜차이즈 사업설명회를 기웃거려 본다. 그러나 그곳 역시 속빈 강정이긴 마찬가지.

그러나 걱정할 필요는 없다. 지금부터 필자가 알려주겠다. 장사를 시작하기 전에 업종은 어떻게 선택할 것인지, 선택한 업종에 따라 가게는 어디에 입점할 것인지, 상호는 어떻게 지을 것이며 가게 시설과 인테리어는 어떻게 준비할 것인지, 오픈 후 직원들 관리와 손님 응대는 어떻게 할 것인지, 식자재 구입은 어떻게 하고 거래처는 또 어떻게 관리할 것인지, 배달을 잘 하는 요령은 무엇인지, 장사가 잘 되거나 혹은 반대로 잘 안될 때는 어떻게 대처해야 하는지 등등 하나부터 열까지 궁금한 당신을 위한 맞춤 솔루션!

장사는 기술이다. 단, 마음이 들어간 기술이다. 실전 창업에서 피가 되고 살이 될 진짜 장사의 기술들을 살펴보자.

장사, 어떻게 시작할 것인가

처음 창업은 누구에게나 막연하다. 생각도 많고 준비할 것도 무척 많다. 구상하고 있는 동종분야 답사도 많이 다녀야 하고 본인이 창업하고자 하는 지역의 상권 분석과 점포 입지 선정 등 이것저것 생각하면 잠이 안 온다. 이 모든 걸 혼자 하려니 너무 어렵고 힘들어 결국은 프랜차이즈 가맹점이나 컨설팅에 의존하게 된다. 그러나 스스로 하고 싶은 일을 창업가 정신으로 해냈을 때, 작은 가게라도 혼자 힘으로 일궈냈을 때의 그 보람은 엄청나다. 자기 자신이 모든 걸 해냈다는 자신감, 즉, 멘탈이 본격적으로 살아나 다음부터의 창업 구상은 일사천리로 진행되며 새로운 아이디어가 눈에 보이기 시작한다.

나는 외식사업을 하고자 하는 분들이나 기존에 식당을 하고 있는 분들에게 수도 없는 어드바이스를 한다. 스스로 공부하고 발로 뛰면서 지금 하는 일에 미쳐보라고. 손님이 항상 많은 식당뿐만 아니라 늘 경기 탓만 하고 손님 하나 없는 가게도 계속 다녀보면서 문제점을 본인 눈으로 찾아냈을 때 창업의 문을 두드리라고 말이다.

　창업을 너무 거창하게 하는 것은 리스크가 많이 따른다. 진짜 창업은 본인 마음속에 불을 피워 점점 타오르게 하여 그 불꽃이 마침내 밖으로 폭발할 즈음 실행에 옮겨야 한다. 남이 볼 때는 작고 보잘 것 없더라도 내 속에서는 이 지역 모두와 나의 분야 전체를 싹쓸이한다는 웅대한 마음을 품어야 한다. 내면에 있는 절실함을 불러내어 나는 어떤 일이 있더라도 성공한다는 신념을 가져야 한다.

　업종 구상이 서면 상호부터 지어 벽에 붙여놓는다. 그리고 창업 6개월 전부터는 눈을 감고 상상 속에서 본인 가게의 영업을 시작한다. 마음속 영상을 플레이하면서 가상의 경영을 해보는 것이다. 그렇게 해보면 실전에서 발생할 수 있는 문제점을 미연에 찾아낼 수 있다. 그때마다 스케치를 하고 메모를 해두면 분명 좋은 결과가 있을 것이다.

여기서도 중요한 것은 자신이 생각하는 대박 가게 모델과 본인의 가게를 상상 속에서 한 치의 오차 없이 계속해서 비교 분석하는 것이다. 나는 무엇을 어떻게 할 것이며 직원들 교육과 가게 콘셉트는 어떻게 가져갈 것이고, 음식은 어떻게 할 것인지 냉정하게 바라봐야 한다. 가상 손님의 표정까지 놓치지 마라. 단언컨대 필자의 말대로 이를 실천한 사람이라면 실제 창업에서 분명 성공하리라 확신한다.

철을 타지 않는 업종을 선택하라

    외식사업은 업종에 따라 낮 장사, 밤 장사가 있고 평일 장사, 주말 장사가 있다. 어떤 장사를 해야 돈을 꾸준히 벌 수 있을까? 나의 경우에는 낮 장사와 평일 장사가 체질적으로 맞는다. 반면 밤 장사나 주말 장사가 체질에 맞는 사람도 있을 것이다. 자신에게 잘 맞는 업종을 선택해야 지치지 않고 오래 장사할 수 있다.

    작은 고깃집은 평일 낮에 손님이 없고 밤늦게까지 장사를 해야 한다. 또한 주말에 집중 매출을 올려야 하기에 쉴 수가 없으므로 젊고, 건강하고, 밤에 뭔가 잘할 수 있는 사람에게 적합하다. 횟집(바닷가 횟집은 다소 편차가 있음)이나 일식집도 평일 낮에 손님이 없고 밤 장사다. 낮에 점심메뉴를 팔아도 남는 게 없다. 역시 주말에 집중적으로 매출을 올려야 한다. 평일 낮 장사를 하고 싶다면 국밥류나 찌개류, 면류처럼 직장인을 상대로 한 장사가 제격이다.

그런데 외식사업은 메뉴에 따라 계절을 타는 경우가 있다. 회는 계절을 타는 대표적인 메뉴다. 비브리오 패혈증 때문에 날씨가 더워지기 시작하는 4월 이후부터 9월 하순까지는 장사가 안 되고 늦가을부터 겨울에 장사가 잘 된다. 국수, 냉면, 막국수 등 차가운 면 종류는 4월부터 9월까지만 돈을 벌 수 있고, 찬바람이 불기 시작하면 그때부터 매출이 없다. 반대로 김치찌개, 된장찌개, 해물찌개 등 찌개류와 만두전골 등의 국물요리는 찬바람 불 때부터 이듬해 4월까지 집중적으로 돈 벌 시기다. 그 이후엔 세월만 낚아야 한다.

중식의 경우엔 계절을 많이 타지는 않지만 그래도 여름에는 타격이 있다. 국수, 막국수, 냉면 등이 잠식하기 때문이다. 본래 추어탕과 삼계탕이 계절 음식으로 인식되어 왔는데 지금은 그다지 계절을 타지 않고 4계절 잘 된다. 특히 종전의 보양탕들이 없어지면서 삼계탕이 여름 보양 음식을 거의 독점하며 대부분 여름에 장사가 잘 되고 돈을 버는 집들이 많다.

작은 한정식집, 생선구이집, 두부전골집 등은 모든 사람들이 가정에서 늘 먹는 음식이라 철도 안 타고 낮에 집중적으로 장사가 잘 된다. 이런 아이템은 요리에 자신 있는 가족끼리 한다면 아주 유망하다. 순댓국, 설렁탕, 곰탕, 해장국집 등은 계절을 타지 않고 아침부터 밤까지 꾸준히 영업할 수 있는 아이템으로 양심껏 열심히만 한다면 아주 유망한 분야다.

맥주 파는 호프집, 선술집 등은 여름 장사요, 밤 장사라 특수한 사람만 하는 게 좋다. 보통 사람들은 100% 망해먹는다. 치킨, 피자, 족발 등은 계절로 보면 여름이 잘 되고 겨울엔 비수기다. 배달이 많고 밤 장사요, 주말 장사라 나이 많은 분들은 가급적 안 하는 게 상책이다. 실질적으로 큰돈 벌기 어려운 분야고 작은 돈까지도 까먹기 딱 좋은 분야다. 분식, 라면, 김밥, 돈가스 등은 가능하면 가족끼리 소박하게 작은 돈 투자하여 욕심 내지 말고 일하는 재미로 가야 한다.

하나 더, 요즘 카페와 프랜차이즈 빵집을 많이 차리는데 아마 조사해보면 창업자 중 이 분야에서 적자 보는 가게와 실패하는 가게가 제일 많이 나오지 않을까? 이유는 간단하다. 겉만 그럴싸하지 실속은 하나 없고 목숨 걸고 땀 흘리는 사업이 아니기 때문이다. 물론 어느 분야든 예외가 있지만 말이다.

창업도 타이밍,
계절에 따라
오픈 시기를 조절하라

 본인이 하고자 하는 업종이 창업하고자 하는 계절과 일치하고 있는가? 이 부분은 오픈 시기를 언제로 잡느냐를 좌우하는 문제이기 때문에 매우 중요한 부분이다. 이걸 모르고 창업한다는 건 심하게 말해 외식 창업에 있어서 신생아 수준이나 다름없다. 미안한 말이지만 엄마 젖 더 먹고 와서 시작하기 바란다. 그러나 너무 낙담할 필요는 없다. 필자가 누군가. 하나하나 예를 들어 방법을 알려줄 테니 잘 공부하시길.

 '○○막국수 11월 1일 오픈'이라고 쓰인 현수막을 봤다. 그리고 '○○비어'라는 가맹점 맥주집이 엄청 비싼 임대료를 내고 건물 코너에 들어오는 것도 봤다. 그걸 보면서 망해 먹으려고 작정한 사람들이구나 싶었다. 2곳은 모두 업종과 창업 계절이 전혀 맞지 않는 잘못된 결정을 한 경우다. 막국수는 여름 한철 계절음식으로 11월에 창업을 하면 6개월은 그냥 공친다고 볼 수 있다. 보통 아무리 작은 가게도 창업 시 주방장과 직원 1~2명은 투입하여 시작하게 되는데 수개월째 직원 월급과 월세, 먹는 것 등을 무슨 수로 감당하겠는가. 처음 창업할 때는 의욕을 가지고 시작한다. 하지만 정작 장사가 되는 철에는 이미 전의를 상실하고 마는

경우가 다반사다.

맥주 체인점의 경우 규모도 있고 시설도 상당한데 필자의 경험으로 말씀드리자면 보통 사람들은 이 분야를 하지 마시기 바란다. 맥주 체인점이 큰일 나는 사업이라고 하는 이유는 한 여름 6개월 장사요, 저녁 장사로 1년 평균을 볼 때 돈을 벌 시간이 너무 짧기 때문이다. 구조적으로 망해먹은 길밖에 없다. 물론 특수한 분들은 다른 방법으로 영업을 하는 경우도 있다. 하지만 대부분은 힘들다는 것이 필자의 결론이다.

이렇듯 창업은 계절과도 밀접한 관련이 있는데 만일 막국수집을 계획한다면 3월까지 준비하여 4월 중순경 오픈을 해주면 약 6개월간 신나게 장사가 잘 된다. 결과적으로 하나도 마음 고생하지 않고 순조롭게 장사할 수 있을 것이다. 여기서 팁! 예를 들어 막국수, 냉면 등 계절음식을 메인 메뉴로 팔 때는 필수적으로 가을이 오기 전에 확실한 겨울 메뉴 한 가지를 개발하여 미리미리 선을 보이고 마케팅도 해둬야 살아남을 수 있다. 겨울 메뉴로는 손만둣국을 추천한다.

반대로 4~5월에 만두전골집을 오픈한다면 점점 날은 더워지는데 찬바람 쌩쌩 부는 철에 좋아하는 메뉴인 만두전골을 찾는 사람은 없을 것이다. 만약 만두전골집을 구상 중이라면 10월에 오픈해야 끝내주게 맞아 떨어진다. 도심에서 횟집, 일식집을 창업하고 싶다면 가을에 오픈하는 것이 좋고, 고깃집도 여름에는 좀 덜 먹게 되어 매출이 줄기 때문에 선선한 때에 오픈하는 것이 좋다. 업종과 계절과의 관계가 이렇게 중요하다. 따라서 신중한 타이밍을 요한다.

프랜차이즈 창업의
좋은 점과 나쁜 점

국내 외식사업에서 프랜차이즈가 차지하는 비중이 꽤 크다. 프랜차이즈 사업과 관련된 기관에서는 국내 프랜차이즈 산업 규모가 매출 149조 원에 관련 고용 인원은 143만 명이라며 불황에도 시들지 않는 프랜차이즈의 매력에 대해서 어필하고 있다. 불황에 프랜차이즈가 잘 되는 이유는 간단하다. 원래 불황에는 자영업자가 늘어나게 되어 있고 경험도 없는 사람들이 프랜차이즈에 몰려들기 때문이다.

프랜차이즈 창업은 쉽게 장사의 길로 진입할 수 있다는 점에서 매력적으로 보이지만 속을 알고 보면 상당히 골치 아픈 일이 많다. 물론 잘 선택만 한다면 별 어려움 없이 식당 사업에 뛰어들어

성공도 하고 자기만의 노하우도 쌓여 본인이 직접 가맹 사업본부도 만들 수 있다.

　간단한 예를 보자. 한때 주꾸미볶음 전문점이 유행을 타면서 엄청 많이 생겼다. 그리고 그 유행의 중심에는 300만 원 받고 기술 교육을 해주는 곳이 있었다. 이게 매스컴을 타면서 초기에 기술을 배운 사람들이 지방까지 '○○ 주꾸미' 전문점을 문을 열어 대박을 친 가게들이 많이 생겨났다. 그런데 이건 그야말로 초기에나 해당되는 얘기고 지금 뛰어들면 이미 막차라 실패 확률이 높다. 야채 샤브샤브의 경우도 비슷하다. 프랜차이즈 가맹점 창업은 대부분 이렇게 진행된다고 보면 정답이다.

장사는 해보고 싶은데 깊이 아는 것도 없고 혼자 하려니 모든 게 막연하고. 그래서 방법을 찾다가 인지도가 있는 프랜차이즈로 시작하는 경우가 많다. 그러나 우리가 짚어보고 공부해야 할 대목이 있다. 크게 보면 체인점으로 시작하는 건 장사의 첫걸음이요, 남의 머리를 빌려서 하는 것이라 엄청나게 유명한 맛집으로 오래 갈 수가 없다. 왜? 같은 브랜드의 가게가 계속 생기기 때문이다. 다음으로 남의 노하우를 받다보니 본인의 것은 하나 없고 처음부터 그 대가로 가맹비, 인테리어비 등을 치러야 한다. 재료 공급을 비롯해 지속적인 간섭도 받게 된다. 아무리 노력해도 2등밖에 할 수 없는 구조다. 앞에서 이야기한 것처럼 유명한 식당의 첫 가맹점 사업 때 뛰어든 사람 일부만 돈을 벌고 나머지는 별 볼 일 없는 게 현실이다.

국내 최대 프랜차이즈 여러 곳을 나열하며 확인해보면 현재 투자 대비 만족할만한 수익을 내고 있는 가게는 5~10% 안팎이다. 70%는 적자를 보고 있으면서도 투자금 때문에 이러지도 저러지도 못하는 실정이다. 결과적으로 본인의 것 없이 남의 것으로 시작하는 사업은 낚시하는 방법은 배우지 못하고 남이 낚아주는 고기만 받아먹는 격이다. 결국 장사를 하면서 하나하나 다시 배워야 하는 것으로 보면 된다.

　어려운 이 시대의 창업은 정말 실패 확률이 높다. 그렇기 때문에 신중하고 철저한 계획을 세우고 남이 상상도 못하는 아이템과 자기만의 특별한 색깔을 가지고 직접 모든 걸 발로 뛰면서 만들어야 희망의 에너지가 생겨난다.

골목상권과 대형 상가
입점 시 주의할 점

방송에서 '골목상권 살리기'라는 말이 심심찮게 나오는 걸 볼 수 있다. 그만큼 열악하고 어렵다는 말이다. 비슷한 가게도 많아 경쟁은 치열한 데 비해 주차 문제가 심각하고 규모도 고만고만하여 무엇 하나 장기적으로 할 만한 업종이 없다는 것이다.

골목상권도 초기, 중기, 정착기 골목으로 나눠볼 수 있는데, 초기에 새로운 상권이 형성될 무렵에는 할 업종도 다양하고 장사도 잘 된다. 권리금도 붙고 주차 문제도 어려움이 없어 고깃집과 다양한 음식점들이 입점하게 된다. 특히 냄새 많이 나는 삼겹살집 같은 업종도 잘 되는데 가게 앞 데크에 야외식 테이블을 설치하면 여기서 고기를 구워먹기 딱 좋다. 2층 이상에서는 노래방과 주점 등도 잘 된다.

그러다 한참 지나면 주차 단속이 시작되고 가게 앞에서 장사할 때 민원이 발생하여 초창기 형태로는 장사를 할 수 없게 된다. 그렇게 되면 골목상권이 서서히 침체기로 접어든다. 2차로 바뀌는 업종이 분식, 중식, 치킨 배달, 미용실 등으로 다양한 상권으로 바뀐다고 볼 수 있다. 이런 시기에는 골목 상가에서 대박 나는 가게를 찾아보기 힘들다. 왜? 1차로 들어와 돈을 번 가게들은 넓은 곳으로 이전해 가기 때문에 새로 진입한 가게와 기존 가게들은 죄다 비슷하기 때문이다. 예를 들어 커피집만 보더라도 한 집도 제대로 매출을 올리는 집을 볼 수 없고 치킨·호프집을 봐도 다양한 상권에서 쑤시고 들어오기 때문에 힘들다.

완전 정착기에 접어들면 어느 골목은 먹자골목, 다른 골목은 카페골목, 이런 식으로 정리되어 오히려 잘 돌아가는 듯 보인다. 그러나 이것도 실질적으로 자세히 속을 들여다보면 그 속에서 앞뒤 가게들끼리 경쟁이 치열하다. 기본적으로 기반 여건이 열악하고 주차 문제가 해결될 수가 없기 때문에 단체 손님도 받을 수가 없고 오는 손님은 한정되어 있다. 비슷한 업종은 포화상태고 다툼도 많다. 상가 건물이 낙후되어 어떤 골목은 죽은 상권으로 변해간다. 번잡한 시내의 오래된 골목이야 한정된 곳이라 그대로 유지되지만 웬만한 골목상권은 확실히 시대에 따라 변해가고 그에 따라 업종도 달라지는 것을 볼 수 있다.

외식사업으로 볼 때 장기적으로 장사를 한다 해도 큰 돈 벌기 힘들고 밥 먹고 사는 정도다. 꽉 짜인 오래된 골목상권은 텃새도 무척 심하기 때문에 신중한 결정을 하고 들어가야 한다. 개인적으로는 골목상권에서 외식사업 하는 것을 솔직히 권하고 싶지 않다.

대형 복합상가 내 임대 가게에서 창업한다면 신경 쓸 것도 많고 준비할 것도 무척 많다. 초기 신축 건물은 관리체계가 건물주 쪽에서 관리하다가 건물 입점자가 70~80% 정도 차면 입점자 자체 관리로 넘어오는 경우가 많다. 대부분은 입점자 운영위원회를 만들어 위탁 관리를 하게 된다.

어쨌거나 입점하는 점포가 많아지면 그 속에서 분쟁이 생기는데 분쟁 유형을 보면 관리비 선정 문제가 가장 많다. 관리비는 평수에 따라 정산하지만 지하부터 꼭대기 층까지 일괄로 매길 수가 없기도 하거니와 공실이 생기기 때문에 말이 많다. 꼼꼼히 따져보지 않으면 손해 보기 십상이다. 1층의 경우에는 필요 없는 엘리베이터 등도 신경 써야 하고 전기, 수도, 난방 문제도 유심히 관찰해야 한다.

이웃 가게와도 분쟁이 많이 생기는데, 앞면 공유면에 내놓은 물건이나 간판 자리, 닥트나 환풍기 냄새 등으로 이웃 간에 불편한 사이가 되어 오랫동안 말도 안하며 지내는 가게들도 참 많다. 심지어 이웃 가게 때문에 장사를 접는 사람도 있다. 지역적인 문제로 감정의 골이 깊은 사이로 가는 경우도 많다. 입점자가 100% 차면 음식물 쓰레기 냄새, 주차 문제 등으로 상인들끼리 늘 언쟁이 일어난다. 비슷한 업종끼리 손님 유치로 인한 신경전도 수시로 생긴다.

어떻게 하면 이 모든 파고를 무난히 헤쳐 나갈 수 있을까? 이런 대형 상가에서는 텃새가 심하기 때문에 우선 '왕따'가 되지 않으려는 노력이 문제 해결의 첫걸음이 될 수 있다. 상가 입점 초기 제일 먼저 입점한 사람, 지분이 많은 사람과 잘 지내면 유리하다. 가능하면 상가운영위원이 되어 함께 관심사를 공유하도록 한다. 너무 저자세를 취하는 것은 오히려 불리하다. 때론 자기만의 카리스마를 보여야 한다. 완력이 필요할 때도 있다. 공유 면적과 간판 자리 등 자신의 점포 앞은 확실히 확보하는 게 좋다. 평소 건물주 측과 점주들 여럿을 내 편으로 만들어야 한다. 맛있는 것도 나눠먹으면서 함께 살아가는 방법을 터득해야 편하게 장사할 수 있고 살아남을 수 있다.

상호는 신중하게 지어라

＊5번 읽고 암기할 것!

오랜 고민 끝에 창업을 결심하게 되면 제일 먼저 무엇을 할 것인지 평소에 하고 싶었던 일에 대한 계획을 1차로 세운다. 2차로 어디서 할 것인지 상권 분석을 한 후 입지를 선택하고, 3차로 어떤 상호를 걸 것인가를 고민하게 된다.

상호는 그 집의 첫인상이기에 신중하게 결정해야 하고 무엇을 전문으로 하는지를 분명하게 나타내야 한다. 사실 나의 경우에는 상호 하나 지을 때도 수많은 문장을 구상해보고 유사 업종과 비교분석도 수없이 해본다. 어떻게 하면 나만의 특별한 이름으로 손님들이 한 번 보고도 나의 마음을 읽을 수 있도록 할 수 있을까 하고 많은 고민을 한다. 그렇게 결정된 상호를 벽에 붙여두고 매일 보면서 상상을 해본다. 그리고 더 좋은 상호가 떠오르면 함께 올려놓고 고민하다가 가게 인테리어 할 시점에 최종 결정을 하고 OK 사인을 내린다.

그런데 우리 주변 식당 간판을 자세히 보면 참 한심한 상호들을 많이 볼 수 있다. 식당 상호는 어떤 음식을 전문으로 하느냐에 따라 잘 지어야 하는데 장난삼아 상호를 지은 것 같은 곳도 많다. '지리산', '엉터리', '야옹' 등등 일일이 다 열거할 수도 없는데 도대체 무슨 뜻으로 그런 상호를 지었는지 알 수가 없다. 그 뜻을 본인만 알지 손님들은 전혀 알 수가 없고 저 식당이 무엇을 전문으로 하는 집인지도 쉽게 파악이 안 된다.

상호 만큼 간판 글자도 중요하므로 규격, 사이즈, 글자 모양, 간판 바탕색과 글자 배색 등을 짜임새 있고 특색 있게 만들어야 한다. 성공한 가게들의 간판을 들여다보면 간판의 크고 작은 것은 따지지 않고 어떻게 하면 제대로 된 상호와 간판을 달 것인가만 신경 쓴 것을 알 수 있다. 남들이 '딱' 봤을 때 '확' 와 닿는 특별한 뭔가를 전달해야 하고, 글자도 자기만의 개성이 담긴 글씨체를 만들어야 한다. 글자 한 자, 한 자가 품위 있고 그 집 음식과 일치하

면서 끌리는 간판을 달아야 한다.

나는 습관적으로 주변의 간판들을 유심히 본다. 간판의 구도, 사이즈, 글자 형태, 상호, 색깔, 실내의 메뉴판과 메뉴들. 이것들만 봐도 전문성과 비전문성이 보이며 성공, 실패가 어느 정도 가늠된다. 많은 돈을 투자하고 어려운 고민 끝에 창업한 내 사업체의 성공을 바라는 간절함이 상호와 간판에 잘 묻어나게 만들어야 한다. 그러기에 상호는 보물을 다루듯 신중하게 결정하길 바란다.

오픈 준비는
어떻게 해야 하나

심사숙고하여 상가 점포를 계약했다면 이미 업종은 머릿속에 준비된 상태일 것이다. 그렇다면 이제 실전을 위한 본격적인 오픈 준비에 들어갈 차례. 점포 평수에 따라 달라져야 하지만 통상적인 준비는 별반 다를 게 없다. 지금부터 어디에서 가르쳐주지 않았던 오픈 준비 과정의 알짜 정보를 알려주겠다. 피가 되고 살이 될 이야기이니 꼼꼼히 밑줄 치면서 체크하길 바란다. 가게 실평수가 25~35평일 경우를 예로 들어 살펴보면 다음과 같다.

첫째, 전기는 30kw 정도가 필요하다. 전기를 확인하여 10kw 정도가 들어와 있다면 추가 20kw 정도를 증설해야 한다. 전기공사 업체나 한전에 요청하면 즉시 해준다. 비용은 얼마 들지 않는다.

둘째, 상하수도가 중요하기 때문에 먼저 체크한다. 특히 하수도관이 잘 되어 있는지 꼭 확인해야 한다. 오폐수 처리까지 꼭 확인할 것!

셋째, 가스 문제다. 도시가스면 좋은 상태고, LPG면 후미진 곳에 LPG 저장소를 설치해야 하기 때문에 건물주와 상의하여 설치 장소를 미리 결정해둬야 한다.

넷째, 닥트는 어디로 뽑을 것인지를 가게 구조를 보면서 결정해야 한다. 주방 뒤편 또는 주방 앞면으로 뽑아야 하고 옆 가게와 위층 거주민들에게 피해가 가지 않도록 잘 살펴서 설치해야 한다.

다섯째, 중요한 것이 주방 배치다. 건물 또는 가게 구조에 따라 한쪽 구석으로 할 것인가, 중앙 뒤쪽으로 할 것인가를 많은 고민과 상상을 동원하여 잘 결정해야 한다. 주방 위치가 결정되면 내부 구조를 설계한다. 이건 간단한 문제가 아니기 때문에 한 번에 끝내지 말고 설계 1안을 그려보고 설계 2, 3, 4… 10안 이상 계속해서 그려봐야 한다. 왜? 식당에선 주방이 그 가게의 컨트롤타워 역할을 하기 때문이다. 주방에서 손님이 나가고 들어오는 걸 모두 파악할 수 있어야 좋고, 좁은 주방 안의 동선이 착오 없이 시스템화되도록 설치되어야 신속정확하게 일처리가 된다.

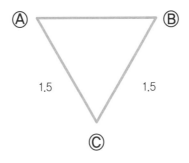

주방배치는 위 그림처럼 동선을 둬야 하는데 Ⓐ는 주방장 자리로 불을 중심으로 레인지와 작업대를 설치하여 끓이고, 볶고, 데우고 하는 곳이며 재료를 썰고 만들어 최종적으로 내놓는 곳이다. Ⓑ는 주방찬모 자리로 작은 레인지를 이어 싱크대, 냉장고 등 내·외부작업장까지 움직일 수 있는 공간이다. 재료를 다듬고 손질하여 냉장고에 넣고 빼내기 좋게 하고 낮은 레인지에서 삶고 끓여 준비한다. 주방장이 최종 마무리하도록 준비해주는 곳이며 빈 그릇이 한꺼번에 들어와도 처리가 쉽게 배치되어야 한다. Ⓒ는 경우에 따라서는 실장이나 찬모가 그 자리를 대신 할 수도 있는 곳으로 음식이 나가고 들어오는 것을 관장한다. 먼저 온 손님과 수를 파악하는 데 좋고 홀 전체 흐름을 보면서 음식 나가는 속도를 컨트롤하게 된다. 그래야 아무리 손님이 많이 몰려와도 꼬이지 않고 물 흐르듯 잘 돌아간다.

가게 30평의 경우 주방 평수는 업종에 따라 달라질 수 있겠지만 대체로 약 8평 정도가 적당하다. 가상 속에서 주방 집기를 설치해 본 다음 최종 결정이 내려지면 인테리어를 하는데 홀과 주방을 분리하여 일부 칸을 막고 앞 받침을 만들어놓고 시작한다. 상하수도 배관 연결을 정확하게 설치한 후 주방 바닥을 방수처리 한다. 주방 바닥 방수는 두 번, 세 번 강조하지만 완전무결해야 한다. 주방 바닥이 마무리되면 가스 배관 공사, 후드와 닥트까지 설치

한다. 주방 동선은 각자 제 위치에서 돌아서면 모든 걸 할 수 있는 위치가 가장 좋다.

홀 콘셉트는 각자 취향에 따라 결정하는데, 손님이 가게 안으로 들어오면 모든 시선이 메뉴판과 주방 쪽으로 집중되게 만들어져야 하고 메뉴는 구체적이고 간결하게 보여야 한다. 여기서도 팁을 하나 드리자면 대표 메뉴, 즉 우리 집의 전문 메뉴 한 가지는 분명하게 알 수 있도록 메뉴 제일 상단에 부각되어 있어야 한다. 그 대표 메뉴 한 가지에 선택과 집중을 하면 분명 좋은 결과가 있으리라 생각한다.

돈 몇 푼 안 들이고
인테리어하기

갑자기 TV 매스컴을 타고 돈 좀 벌었다 하면 바로 가맹점 사업을 하는 경우가 많다. 그런데 본점을 방문해보면 인테리어도 없이 옛날 그대로 장사하여 돈을 벌었으면서 가맹점 사업만 하면 지점에 인테리어를 잔뜩 처바르는 것을 볼 수 있다. 가맹점 사업을 하려면 1호점이 모델이 되니 본보기로 보기 좋게 인테리어를 해둬야 100호, 200호까지 나가니까, 그리고 그게 돈이 되니까 그렇게 하는 것이다. 그런데 그래놓고 만약 장사가 안 되면 다 뜯어내야 한다. 낭비도 그런 낭비가 없다.

필자도 외식 가맹점 사업을 하기 위해 오래 전에 모 대학에서 하는 프랜차이즈 교육을 받은 적이 있다. 그러나 나의 경험과 수도 없이 외식사업장을 관찰한 결과로 볼 때 사업 성공에 있어 인테리어는 그리 중요하지 않다. 정말 오랜 세월 손님의 큰 사랑을 받고 있는 가게들을 보면 고급 인테리어 無, 위생 無, 서비스 無다. 그래도 잘 된다.

나는 음식 사업도 경영이라고 본다. 경영주는 어떻게 하면 본인의 브랜드와 아이템 메뉴를 세트로 규격화하여 멋지게 팔아먹을 것인가를 고민해야 한다. 그게 제일 중요하지 다른 게 중요한 게 아니다. 요리 잘한다, 인테리어가 어떻다 하는 것은 산 전체를 보지 못하고 한 골짜기만 보고 평을 하는 격이다.

앞으로 개인 사업, 특히 외식 창업은 정말 살얼음판을 걷고 전쟁터에 뛰어드는 심정으로 해야 한다. 진정한 훈련이 된 후에 도전해야 쉽게 실패하지 않고 기본적인 현상 유지를 할 수 있다. 큰 성공이 아니더라도 최소한 실패하지 않아야 꿈이 생기고 2차 도전정신도 생기는 것이다. 그런 의미에서 초기 창업 시 인테리어는 창업자 본인이 발로 뛰면서 하나하나 찾아서 투입시켜 최소 비용으로 스타트하기를 추천한다.

예를 들어 식당 30평을 임대 계약했다면 우선 머릿속으로 어떤 콘셉트로 갈 것인가를 그려본다. 그 다음 만약 천정과 벽면 일부를 칠할 생각이라면 직접 칠 가게의 견적을 받는다. 벽면 일부와

문 등에 목재가 필요하다면 인테리어 목공 가게에서 견적을 받아보고, 바닥 타일은 타일 가게, 조명은 조명 가게를 방문하여 예쁜 걸 골라놓고 각 분야별로 분리시켜 견적을 받아본다. 그렇게 받은 견적 중에서 합리적인 가격을 제시하는 곳의 전문기술자를 투입하면 인테리어 업체 한 곳에 다 맡기는 것보다 비용을 3분의 1 정도 절감할 수 있을 것이다. 직접 견적을 받아서 따로 맡기는 것이 생각만큼 그리 복잡하지도 어렵지도 않다. 또한 그 과정에서 배우는 것도 무척 많다.

요즘 사람들은 조금만 복잡해 보이면 머리 쓰기 싫어하고 배울 생각을 아예 하지 않는다. 그래서 그냥 인테리어 업체 한군데에 죄다 맡겨버리는 일이 다반사다. 하지만 조금만 속 깊게 준비한다면 인터넷에서 대기 중인 모든 분야의 자재와 기술자들을 쉽게 찾을 수 있어서 웬만한 가게 인테리어쯤은 식은 죽 먹기로 할 수 있다. 돈 얼마 안 들이고 나만의 스타일로 멋진 가게를 만들어보자.

식당 운영을 잘 하기 위해
사장이 해야 할 일

식당 창업에서는 아무리 규모가 크고 좋은 가게라도, 또한 요리
를 잘 한다 하더라도 경영을 제대로 못하면 실패하는 건 시간문
제다. 우리 주변에서 단독 건물의 큰 식당이 어느 날 보면 그 주
변 조그만 가게한테 도리어 집어 먹히는 경우를 부지기수로 본다.
물론 무슨 장사든지 경영이 절대적이라 할 수 있다. 경영을 제대
로 못하면 망하니까.

그렇다면 운영을 잘한다는 것은 무엇을 의미할까? 결국 한바탕

막 퍼주는 장사꾼이 아닌 마음 사업을 하라는 것이다. 외식사업은 나와 손님 사이에 신뢰를 바탕으로 한 약속이라고 생각한다. 손님이 무엇을 원하는지, 또 무엇에 불만이 있고 만족해하는지를 업주는 빨리 찾아내어 더욱 잘해드리겠다는 무언의 약속이 이루어져야 한다. 늘 자신이 팔고 있는 모든 메뉴에 대해서 철저한 검증이 있어야 하고 혹독한 평가도 따라야 하는데, 이 모든 것을 업주 본인이 찾아내어 해결해야 한다.

  대부분의 사람들이 "나는 열심히 잘하고 있는데 무슨 소리냐?"고 하는 것을 보게 된다. 그런 분들에게 꼭 해주고 싶은 말이 있다. 외식사업은 한 번 차려놓으면 끝나는 게 아니다. 창업의 시작은 마라톤으로 보자면 이제 막 출발선을 통과한 상태라는 것을 명심하길 바란다. 식당 사업도 끝없이 연구하고 공부해야 하며 잘 되는 가게를 수시로 다녀보면서 장단점을 파악해야 한다. 신규 출점하는 가게도 찾아가 현재의 트렌드를 읽어내고 좋은 점은 빨리 받아들여 나의 것으로 만들어야 한다.

  한 번 정한 메뉴는 죽이든 밥이든 승부를 걸어야 한다. 메뉴를 늘리거나 바꾸는 것, 상호를 바꾸는 것도 망하는 길임을 알아야 한다. 결국 처음 결정한 업종에 모든 걸 걸고 미쳐야 한다. 줄 서는 가게의 좋은 점은 무한대로 받아들이고 본인 가게에 대해서는 혹독한 '검증꾼'이 되어야 손님이 인정해준다. 다시 한 번 강조한다. 외식경영도 결국 마음 사업이며, 수년간의 신뢰가 쌓여야 하는 시간 싸움이다.

여러분은 사장님 자리가 무엇이라 생각하는가? 사장이 되니 겉으로는 그럴싸하고 좋아 보이지만 외식사업에서는 가게를 여는 순간 최 말단으로 돌아가 손님과 직원에게 모든 서비스를 다하고 가게의 궂은일은 전부 다 하는 자리가 바로 사장의 자리다. '이제 내가 사장이니 내 맘대로 한다.' 그렇게 생각한다면 그 가게 앞날에 희망은 없다.

외식 창업을 준비하는 분들은 분명 마음가짐부터 훈련이 필요하다. 본인만의 각오 하나는 세우고 장사를 시작해야 한다. 나를 버리고 이 가게와 손님을 위하겠다는 마음, 특히 직원들이 가게를 죽이고 살릴 수 있기 때문에 직원들의 마음을 어떻게 하면 얻을 것인가 하는 마음가짐을 뼛속까지 새기고 있어야 한다. 그래야 직원들은 사장의 마음을 읽고 내 가게처럼 아끼고 손님에게 더 친절한 미소를 보내게 된다.

기술적인 문제로 보면, 직원 3명만 있어도 서로 싸우고 한 사람을 따돌리는 일이 종종 발생한다. 주방팀과 홀팀 간에 의견 충돌 등 무수히 많은 일이 일어난다. 사장의 역할이 그래서 그만큼 중요한데, 이 모든 걸 조율하고 소통하도록 만들어줘야 하고, 그들의 고민과 애로사항을 살필 줄 알아야 매장이 정상적으로 돌아가게 된다.

재료를 받아 음식을 준비하고 나오기까지 수도 없는 과정을 반복하는 주방 사람들에게 사장은 늘 감사하는 마음을 가져야 하고, 그러한 마음을 말로도 표현해야 한다. 음식을 만들어내는 이의 정성이 그대로 손님에게도 전달된다. 직원들의 건강과 복지 문제도 항상 신경 써야 한다. 쉬는 날도 잘 챙겨야 하고 경영을 하는 동안 그들의 삶의 질까지 책임져야 한다는 각오가 되어 있어야 진정한 사장이라고 할 수 있다.

사장은 손님의 동태도 늘 관찰해야 한다. 간혹 자리 문제와 옆자리 소음 문제, 아이들이 뛰어다니는 문제 등으로 즐거운 식사시간이 엉망이 될 수가 있기 때문에 점심시간이 시작되면 정신을 바짝 차리고 홀과 주방의 흐름이 일사천리로 진행되고 있는지 살펴야 한다. 손님들 간에 기분 나쁜 일이 혹시 생길 수도 있으니 관찰하고 문제가 생기면 신속히 해결해야 한다. 좌탁일 경우에는 신발 문제도 철저히 해야 사고 없이 무사히 점심시간이 지나간다.

사장이 할 일 중 중요한 또 하나는 재료를 구입하는 일이다. 업주는 재료만은 아주 까다롭게 구입해야 하고 불시에 재료 하나

하나 철저히 검사를 해야 한다. 한 예로, 고춧가루를 보면 주로 '○○농산'이라는 표시가 된 양념류를 가져오는데, 솔직히 어디서 어떻게 재료가 섞여 오는지 하나도 믿음이 안 가는 게 사실이다. 그냥 주는 대로 받지 말고 항상 꼼꼼히 따져야 한다. 그 대신 재료값은 깎지 말고 즉시 지불해야 한다.

위생 문제 또한 신경을 써야 한다. 영업이 끝나고 직원들이 퇴근한 후 냉장고와 냉동고의 재료들을 하나하나 직접 점검하여 유통기한이 지난 재료는 없는지, 재고 남은 것을 재사용하고 있지는 않은지 직원들 몰래 메모장을 만들어 주기적으로 체크해야 한다.

그 외에 외부와 내부 경영 전반과 옆 가게와의 문제, 주차 문제 등 소소한 부분들까지 머리에 정리되어 있어야 사장으로서 그 소임을 다하고 있다고 할 수 있다.

식자재 구입과
거래처 관리 노하우

  점포를 계약하고 인테리어를 할 무렵 '○○식당 오픈 예정'이라
고 쓴 임시 현수막을 걸어두면 재료 도매상에서 많이들 연락이
온다. 잘 모른다고 무턱대고 그들의 말만 믿지 말고 하나하나 따
져봐야 한다. 식자재 중에는 주변에서 쉽게 구할 수 있는 재료가
있는가 하면 구하기 어렵고 까다롭게 구입해야 할 것들도 있기
때문에 이런 부분에 대해서 미리 파악하고 있어야 한다.

  고춧가루의 경우 식재료를 가져오는 곳에서 대부분 쉽게 구해
사용하지만 고집스럽게 영업하는 곳들은 농협 식자재 마트에서
직접 구입한다. 또 지방산지 1~2곳 정도를 선정하여 제철 때 미
리 돈을 주고 수시로 택배로 받아 사용하면 믿고 사용할 수 있

다. 콩도 마찬가지로 콩 수확기에 지역 농협을 통해 미리 많이 확보하여 1년 내내 사용하는 집도 많다.

 앞에서도 언급했듯이 배달해주는 거래처만 쳐다보지 말고 직접 조달도 많이 해봐야 좋은 재료를 선별하는 안목이 생긴다. 매일 들어오는 주재료는 경영자의 눈과 간섭이 없으면 물건이 엉망으로 사입되는 경우가 많다. 그래서 거래는 철저하게 하고 수시 점검이 필수다. 수산물의 경우 옆에서 보고도 속을 수 있기 때문에 믿으면 큰 코 다친다. 어떤 식당은 쌀을 가게 안에 많이 쌓아두는데 이 방법은 아주 잘못된 선택이다. 쌀은 그날그날 갓 찧은 걸로 소비할 만큼만 가져오도록 해야 한다. 자루에 담아오는 쌀은 묵은 쌀이 섞여 올 수 있어서 약간 의심을 해야 한다. 부식 재료 중 채소류는 채소 가게 떨이로 가져오면 많이 절약된다. 고기류는 가능하면 바로 작업한 고기를 매일 가져오도록 해야 신선하다.

결론적으로 거래처와는 돈독한 관계를 만들고, 한편으로는 조금씩 직접 구입하여 안목을 넓히는 것이 좋은 식자재를 구입하는 비결이다.

마케팅은 장사의 꽃이요,
고객의 마음을 읽는 것

무슨 장사든 '맛난 마케팅'을 해야 손님이 찾아온다. 경영에서 마케팅은 꽃이라고 하지 않는가. 내가 아무리 값비싼 금송아지를 가졌다 할지라도 팔아먹지 못하면 소용없는 돌과 같은 것이다. 창업에서 마케팅을 빼고 장사를 한다는 것은 앙꼬 없는 찐빵이나 다름없다. 나는 창업하는 많은 사람들이 장사만 벌려놓고 영업도, 마케팅도 안중에 없이 하루하루 하늘만 쳐다보고 있는 것을 보면 무슨 생각으로 장사를 시작했는지 한심스러운 생각이 든다.

잘 나가는 기업들을 보자. 우리들은 매일 TV에서 삼성, LG, 현대자동차 등 대기업들의 광고를 계속 보는데, 기업들은 우리가 그 브랜드를 몰라서 비싼 광고료를 내고 지속적인 광고를 하는 것일까? 아니다. 단순히 이름만 알리는 광고라면 많은 돈을 들일 필요가 없을 것이다. 이미 유명하니까. 하지만 대기업은 사업에 있어 프로들이기에 마케팅의 중요성을 누구보다 잘 안다. 그렇기 때문에 눈만 뜨면 끝없는 광고 전쟁이다.

개인 자영업자도 수익에서 최소 10~20%는 마케팅에 투자해야 어느 정도 성공이 보인다. 또한 창업 초기 3개월은 모든 역량을 마케팅에 집중해야 그 가게가 올바르게 자리를 잡는다고 볼 수 있다. 요즘 외식사업은 창업 시작부터 스마트폰이 성공과 실패의 반은 결정한다. 이 말이 무슨 말이냐면, 스마트폰으로 SNS를 잘 운용하면 대박 길로 가는 식당이고, 스마트폰을 접수하지 못하고 시작하는 창업자는 아무리 노력해도 고행 길이다.

최근 오픈한 메밀소바가게를 예로 공부 한 번 해보면, 그 가게는 오픈 무렵 스마트폰을 활용해 SNS 맛집으로 온통 도배칠갑을 했다. 그 결과 오픈과 동시에 손님이 '만땅!' 우리는 여기서 무엇을 배워야 할까? 과거에는 생각지도 못했던 스마트폰을 기반으로 한 SNS가 지금은 가장 좋은 마케팅 수단이 되었다. 시대의 흐름에 따라 새로운 마케팅 수단을 익히고 활용하는 것이 결국 성공의 지름길임을 알 수 있다. 이밖에도 우리가 잘 모르는 분야에 새로운 마케팅 수단이 곳곳에 숨어있다. 이러한 숨어있는 비밀 마케팅을

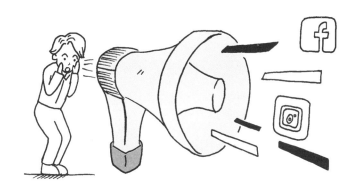

찾아서 집중 공부해야 한다.

 광고의 내용은 간결하지만 무엇을 전문으로 하고 있는지를 분명히 나타내야 한다. 두루뭉술한 내용과 글자가 많은 광고는 가능하면 피하는 게 좋고 누구나 한 번만 보고도 구미가 당기는 광고 내용을 실어줘야 매출로 직결된다.

 식당 경영주의 몸은 늘 가게에서 장사를 하고 있지만 머리에는 어떻게 하면 남들이 상상도 못하는 영업을 할 것인가에 대한 생각을 항상 가지고 있어야 한다. 이러한 마인드 훈련이 되어 있다면 아무리 큰 어려움이 닥쳐도 충분히 헤어날 수 있을 것이다. 전쟁 같은 외식업 세계에 뛰어들었다면 자나 깨나 연구하고 공부하는 것은 필수다. 여기에 마케팅을 하느냐 안 하느냐에 따라 내 가게를 성공한 가게의 반열에 올리고 내릴 수도 있음을 명심하자.

결국 직원 채용과 관리에서 승패가 갈린다

음식 장사도 결국 사람이다. 예전에 삼성 이건희 회장이 인재 1명이 20만 명을 먹여 살린다고 말한 적이 있다. 전적으로 동감한다. 훌륭한 인재를 뽑아서 적재적소에 잘 배치하면, 그리고 그 분야의 최고의 실력자를 찾아서 잘 관리한다면 아무리 어렵다는 음식 장사도 성공할 수 있다.

10년 전 제주 별장에서 알고 지내던 한 분의 스토리다. 결혼 후 작은 트럭으로 채소 장사를 다녔는데 겨울이라 장사가 안 되었다. 마침 그분이 세 살고 있던 주택 지하에 작은 뷰티 사업 공장이 있어서 부부가 취업을 하게 되었다. 그리고 일을 잠시 했는데 공장이 어려워 월급이 수개월째 밀리자 부부는 밀린 월급을 포함해 돈 얼마를 주고 사업체를 인수해버렸다. 그렇게 새롭게 사업을 시작하게 되었는데, 직원이래야 부부까지 총 5명. 그 분야에 대해서 아무것도 모르고 사업을 하자니 사장 혼자서 아무리 연구해도 안 되었다. 그래서 대학 화학공학과 출신의 인재 2명을 확보하고 1년간 죽자고 연구했다. 그렇게 매니큐어 샘플을 만들어 화장품 회사에 돌렸는데 한 곳에서 연락이 와서 조금씩 납품을 시작했다. 그런데 그 제품이 입소문을 타면서 다른 굴지의 화장품 회사에서도 납품 요청이 들어왔다. 그렇게 몇 년 만에 직원 수 100명 이상에 매달 순익 5억 원대의 회사로 성장했고, 지금은 훨씬 더 큰 기업으로 발전했다. 결국 확실한 인재 1~2명이 엄청난 결과를 만들어낸 것이다.

삼성전자 같은 대기업도 마찬가지다. 최고의 인재를 스카우트하고 새로운 두뇌를 키움으로써 오늘날 세계 초일류 기업이 될 수 있었던 것이다. 결국 모든 조직의 승패는 사람에 달려있다. 규모는 작을지 모르지만 음식점이라고 다르지 않다. 사장은 스포츠에 비유하면 감독의 역할을 하는 사람이다. 아무리 훌륭한 감독이 있는 팀이라도 선수들이 제대로 받쳐주지 않으면 경기에서 이길 수 없다. 그와 마찬가지로 식당 사장이 모든 것을 안다고 해서 성공하는 것은 아니다. 유명한 주방장 출신들이 직접 음식점을 경영해서 실패하는 경우가 더 많다. 그 이유가 뭘까? 감독은 직접 현장을 뛸 수 없다. 대신 그 분야의 훌륭한 인재를 뽑아서 머리가 아닌 가슴으로 소통하고 잘 관리함으로써 지속적인 발전을 이루어나갈 수 있다.

어쨌든 '인재 경영' 같은 거창한 말이 아니더라도 사장이 모든 걸 다 할 수는 없기 때문에 직원 채용이 무엇보다 중요하다. 요즘은 가족끼리 하는 사업장도 무척 많다. 사람 구하기도 힘들고 그게 속편하기 때문이다.

이 시대는 장사도 어렵지만 인력 구하기는 더 어렵다. 특히 홀서빙 할 사람을 구하기는 하늘의 별 따기처럼 힘들다. 홀서빙이 일하는 시간은 길고 재미도 없다는 인식이 깔려있기 때문인 듯하다. 점점 갈수록 월급도 올라간다. 홀에서 일하는 한국 분이라면 월 250만 원에 4대 보험, 수당, 식대, 퇴직금은 기본이고 월 5~6회는 쉽게 해줘야 한다. 1년에 1번 정도는 해외여행까지 간다. 여기다 2~3년 지난 분은 월급이 더욱 많이 올라간다. 10년 이상 된 주방장이라면 계약조건에 따라 상당한 금액을 받고 주방찬모의 경우도 만만치 않다.

상황은 이렇지만 규모가 있는 식당은 장사 좀 된다 싶으면 3~5년에 1번씩 세무조사를 나와 싹쓸이 해간다고 보면 틀림없다. 그래서 외식사업 잘못하면 패가망신 수준으로 쫄딱 망한다. 필자가 늘 공부, 공부 하는 것도 이렇게 위험한 장사이기에 철저한 전략이 필요하다는 것을 강조하기 위해서다.

주방장과 찬모
다루는 기술

우선 주방장을 확실하게 내 사람으로 만들어놓고 지시를 해야 하고 급료도 후하게 줘야 한다. 가게 전체의 권한을 주고 힘을 실어주는 것도 방법이다. 장사가 잘 된 주말 같은 날에는 기분 좋게 수당도 지급하고, 그런 다음에 이상한 짓 못하게 엄하게 단속하는 것도 잊지 말아야 한다. 또한 주방과 홀 모두와 소통하고 잘 어우러지게 여건을 만들어주도록 한다.

그래도 경영주는 주방장의 행동을 면밀히 관찰하고 혹 직원들 입에서 이상한 이야기가 돌면 즉시 조치를 취해야 정상적으로 돌아간다. 주방장이 문제를 일으키는 경우도 허다한데, 그 가게의 모든 일과 노하우에 대한 정보를 스마트폰으로 바로 다른 곳으로 빼돌리는가 하면, 일 잘하는 직원들을 죄다 자기 사람으로 만들고는 데리고 나가기도 한다. 채소 등 재료 가져오는 곳과 짜고 주인을 속일 때도 있고 주인이 근무 안 하는 날에는 성의 없는 음식을 내놓아 가게 명성에 흠집을 내기도 한다. 이런 일이 생기지 않도록 미리 잘 살피고 단속해야 한다.

식당 사업에서 찬모는 그 집의 살림살이를 책임지는 엄마 역할을 한다. 재료 살피는 일부터 양념류 선택, 맛내기까지 그 위치는 상당히 넓고 중요하다. 제대로 된 식당이라면 찬모의 중요성을 알기에 업주도 마음대로 간섭하기 힘들다. 자칫 찬모와 갈등이라도 생기면 잘 되던 식당도 망하는 수가 있다. 그만큼 찬모의 힘이 세다.

음식 솜씨 있고, 김치 맛있게 담고, 재료 관리부터 직원들 맛있는 식사까지 잘 해주는 찬모분이 왔다면 그 가게는 복덩어리가 굴러온 것이다. 경험상 이런 분을 구한 집은 본격적으로 장사도 잘 되지만 그 한 분이 2~3명 몫을 해내기 때문에 큰 힘이 된다. 그래서 경영주 입장에서는 꼭 필요하고 도움도 많이 받지만 두려움도 있는 관계다. 어느 날 갑자기 다른 곳으로 갈 경우 그 가게로서는 치명타가 아닐 수 없다. 그래서 중요한 찬모를 어떻게 하면 내 사람으로 만들어 열정적으로 가게를 위해 일하게 할 것인가 고려하면서 견제도 함께 해야 하는 것이 경영주의 고민이다.

팁을 주겠다. 첫째, 우리 가게의 중요한 역할을 담당하는 찬모에게는 진심으로 잘해줘야 한다. 즉, 이 가게는 당신과 함께하겠다는 마음을 담아 특급 대우를 해준다. 딴 마음을 못 먹게 원천봉쇄해야 하고 그분이 가지고 있는 모든 역량을 쏟아 부을 수 있도록 한다. 둘째, 나의 수족 한 분을 찬모 보조로 투입시켜두고, 수당을 많이 드리고 쉬는 날도 많이 만들어준다. 그렇게 몇 개월만 지나고 나면 그 찬모의 노하우는 자연스레 경영주의 손에 모두 들어오게 된다. 결국엔 찬모도 눈치 채겠지만 힘이 적당히 빠진 상태이기 때문에 경영주 입장에서는 마음 편하게 장사할 수 있다.

물론 가장 좋은 방법은 경영주가 주방장이나 찬모를 대신할 수 있을 정도로 모든 기술을 습득하는 것이다. 그러나 처음 음식 장사를 계획하면서 요리도 배우고, 음식점 경영도 배우고, 모든 걸 다 배워 시작하기엔 시간이 너무 많이 걸린다. 설사 본인이 이것저것 다 배웠다고 생각하고 막상 창업을 해보면 무엇 하나 제대로 할 줄 아는 게 없는 병아리에 불과하다. 그래서 필자는 이렇게 코칭하고 싶다. 요리 기술도 좋고, 경영 기술도 중요하지만 단 하나 본인만의 간절한 열정, 불굴의 끼만 있다면 과감히 도전하라는 것이다. 모든 것을 다 갖춘 후 창업하는 사람도 없고 그렇게 할 수도 없다. 단, 필요한 기술은 창업한 후에 반드시 익히도록 한다.

음식 장사를 할 때 경영주 자신이 기술이 없으면 늘 불안하다. 주방장과 찬모에게만 의존하면 처음 본인이 구상했던 색깔도 낼 수 없고 여러 가지로 불리하다. 물론 많은 세월이 흘러 완전히 체계가 잡힌 가게라면 별 걱정 없겠지만 장사를 하다 보면 주방장과 찬모가 수시로 바뀔 수 있다. 그럴 때 경영주에게 아무런 기술이 없으면 일시적으로 어려움이 생긴다. 그래서 업주 스스로 자신이 하고 있는 분야는 확실히 기술을 터득해줘야 한다. 그래야 만일의 경우 대비가 가능하고 주방장, 찬모에게 휘둘리지 않는다.

이제 어떻게 하면 단시일 만에 주방의 모든 기술을 터득하고 홀 운영도 완전 숙지할 수 있는지 공부해보자. 사실 처음 음식점 창업을 해보면 주방장이나 찬모가 업주의 주방 출입을 싫어하는 경우가 많고, 주방장이 쉬는 날은 찬모가 주방 전체를 커버하고 찬모가 쉴 때는 주방장이 모든 걸 대신하는 구조로 대부분 짜여 있다. 따라서 주방장과 찬모가 쉬는 날을 경영주는 십분 활용해야 한다. 즉, 주방장이 쉴 때 주방일손이 부족하게 만들어놓고 업주가 어쩔 수 없이 주방에 임시 찬모 보조로 투입되도록 하는 것이다. 찬모가 쉴 때도 그렇게 투입되는 구조로 만들어둔다. 보충 인력을 구할 때까지 그렇게 하다 보면 자연스럽게 주방에 자주 들락거리게 되고 기술도 금방 터득하게 된다. 대신 주방장이나 찬모 1명이 하루 일을 잘 마무리하는 날은 필히 차비조로 팁을 몰래 주는 것도 요령이다.

홀도 마찬가지다. 기술을 가진 분들에게는 죄송한 일이지만 경영주 입장에서는 이렇게라도 빠른 시일에 주방 일과 홀 일을 터득해야 주도권도 가져올 수 있다. 그것이 원만하게 사업을 하고 자신감도 생기는 길이다.

직원들을
춤추게 하라

 식당을 움직이는 사람을 보면, 작은 식당 하나 경영하는 데도 경영주 외에 주방과 홀이 팀을 이뤄 꾸려나가는데 주방과 홀에 2명만 두어도 수시로 다툼이 생기고 불협화음이 끊이지 않는다. 하물며 주방에 3명, 홀에 2명 정도 근무하는 가게라면 2명만 두고 운영할 때보다 2배, 3배 이상 더 많은 다툼이 생긴다. 일이 힘드니까 그럴 테지만 매일 직원 간에 충돌이 일어난다고 보면 된다. 언제나 주방은 주방팀끼리 뭉치고 홀은 홀팀끼리 뭉치는데 여기서도 저녁 퇴근 후 술을 잘 먹는 사람과 안 먹는 사람으로 각각 뭉치고 흩어진다. 그래서 경영주의 역할이 정말 중요하다. 경영주를 대신해 지배인이나 점장이 직원 관리를 한다면 더더욱 직원 교육에 대한 마인드가 확실히 잘 되어 있어야 한다.

홀팀은 어떻게 관리해야 할까? 손님은 홀 직원을 대하면서 서비스가 좋다, 나쁘다 느끼고 돌아간다. 좋은 쪽을 보면 경영주의 마인드가 열려 있어 직원들에 대한 처우가 좋다. 급료가 빵빵하고 충분히 쉬게 해주며 분위기나 먹거리 등도 잘해준다. 메뉴 하나도 서로 소통하여 결정된 것으로 간다. 나쁜 쪽을 보면 소통이 없고 처우도 안 좋다. 무엇 하나 경영주가 직원들에게 잘해주는 것이 없다. 이렇게 되면 홀끼리 짝짜꿍이 되거나 끼리끼리 뭉쳐서 시기하고 질투하면서 꼭 한 사람을 따돌린다. 새로 들어오는 직원을 못살게 굴어 얼마 못 가 그만두게 만들기도 한다. 매장의 모든 것을 알아내고는 주인과 맞선다. 그래서 경영주는 직원들의 성향을 파악하여 견제와 조화, 채찍과 당근을 적절히 사용해야 한다. 홀 직원 한 명을 꼭 나의 심복으로 만들어둬야 직원들의 불만을 알 수가 있고, 직원들끼리도 조화로운 '밀당'을 시켜야 서로 견제해나갈 수 있다.

최고의 상책은 직원들을 상하 관계가 아닌 가족 관계처럼 대하는 것이다. 또는 나를 돈 벌게 해주는 특별한 사람으로 대우해줘야 한다. 성공적인 경영의 핵심은 경영주의 능력이지만 실질적으로 그 일을 완수할 수 있도록 하는 것은 직원들이고 그들이 돈을

벌어준다. 옛날에는 '손님이 왕이다'라는 말을 많이 했는데, 지금
은 '직원들이 왕'이다. 주인 돈 벌어주는 사람이 진정한 대접을 받
아야 한다.

그렇기 때문에 경영주는 직원들을 가족으로 생각하고 건강한
먹거리와 필요에 따라서 양질의 잠자리를 제공해야 한다. 모르는
사람들은 "뭐, 식당인데 먹을 거 많겠지."라고 말하겠지만 실정은
정반대다. 한마디로 경영하는 사람이나 직원이나 현재 팔고 있는
음식은 잘 안 먹게 된다. 이유는 간단하다. 매일 접하는 음식이다
보니 냄새부터 질려서 당기질 않는 것이다. 그래서 최소한 2끼 식

사는 팔고 있는 메뉴와 반대되는 재료를 구입하여 직접 조리해 먹어야 힘이 난다. 또한 휴식시간에 간식도 준비해줘야 하고 직원들의 애로사항도 수시로 체크해야 한다.

 어떤 경영주는 먹는 것도 대충 먹고 인색하게 구는데 이렇게 장사하면 오래 못 가 망한다. 이유 불문 경영하는 이나 직원 모두 먹는 것 하나는 무조건 잘 먹어야 한다. 그래야 힘도 나고 주변의 식당 직원들의 귀에까지 이야기가 들어가 그 집에서 일하고 싶은 생각이 들게 된다. 여기에 급료도 빵빵하게 주고 필요한 경우에 좋은 잠자리까지 일부 제공한다면 직원들은 사장에게 충성하고 손님들에게 밝은 미소로 서비스하며 춤을 출 것이다.

장사가 잘 되기
시작할 때
'돈'이 되는 전략

식당 사업은 한마디로 무지 힘들다. 오랜 시간 아무리 많은 일을 해도 수당도, 보너스도 없고 퇴직금도 없다. 실패할 확률도 무지 높다. 혼자 스스로 모든 걸 감당하고 책임져야 하는 사업이다. 오로지 한 가지 목표 '돈'을 많이 벌어야 보상이 된다. 남과 같은 방법으로 경영을 한다면 애당초 돈 많이 벌기는 불가능하며 본인만의 특별한 장사를 해야 한다.

그 특별함은 어디에서 찾아내야 할까? 외식사업에도 본인만의 괴짜 같은 통 큰 경영을 해야 한다. 한 번 온 손님은 바로 충성고

객이 되게 만드는 절대 고집불통의 정신무장이 되어 있어야 그 가게에 손님이 줄을 서게 된다. 한 번 입소문이 나면 매 분기 손님 숫자는 불어나지만 직원들은 너무 힘들어지고 갈수록 불만이 많아진다. 그러다보면 이직률이 높아지는데 경영자의 입장에서는 직원 관리 문제가 이만저만 고민이 아니다.

이런 고민이 시작되는 때부터 업주는 본격적으로 돈을 많이 벌기 시작한다. 이럴 때일수록 직원 대우를 파격적으로 해줘야 한다. 그래야 직원들은 신바람이 나 춤을 춘다. 또한 재료를 아끼지 말고 더 좋은 재료로 막 퍼주는 전략으로 나가야 한다. 장사가 좀 되니까 음식의 맛과 질이 떨어지고 양도 인색해졌다는 이야기가 손님들 입에서 나오기 시작하면 그 장사는 끝났다고 봐야 한다. 줄서서 먹어도 시간이 아깝지 않다는 생각이 들도록 해야 한다. 외부 주차 문제에 더욱 신경을 써 손님을 최대한 편안하게 만들어줘야 한다. 한 번 손님이 몰리기 시작하면 확실한 자기만의 룰을 만들어 놓고 한바탕 신나게 즐기는 사업으로 가야 건강도 잃지 않고 롱런할 수 있다.

그러나 손님은 철새와 같기 때문에 언제 어디로 떠나갈지 아무도 모른다. 나는 오래 전부터 식당을 운영하는 많은 사람들에게 손님은 철새라고 말해주곤 한다. 왜? 내가 경험했기 때문에. 지금도 주변의 식당들에서 그 변화를 늘 보고 있다. 물론 상권의 변화가 있기도 하고 주차나 진입 문제 등으로 손님이 줄어들 수 있다. 그러나 솔직히 말해 단골이라는 것도 옛말이지 인근에 유사한 식당만 생기면 바로 그쪽으로 달려가고 대형 외식 공간이라도 오픈하면 그동안 잘 나가던 가게도 하루아침에 파리만 날리는 가게로 전락하게 된다. 규모가 작고 주차장이 없다는 이유로 오랫동안 닦아놓은 가게가 서서히 쇠락해간다.

나는 오랜 세월 동안 장사 잘되는 식당 답사 다니는 일을 취미로 해왔다. 그런데 몇 년 전 또는 1~2년 전까지만 해도 손님이 바글바글 하던 식당이 어느 날 보면 텅 빈 가게가 되어 있는 걸 보게 된다. 그냥 대충 보는 사람들은 못 느끼겠지만 나는 직업적으로 보기 때문에 바로 상황을 직감한다. 근처에 다른 가게가 생기고 매스컴을 탄 가게라도 생기면 손님들이 이쪽으로 우르르 몰려가고, 저쪽으로 또 쓸려간다. 그래서 나는 손님을 철새로 본다.

20년 전 횟집을 할 때 손님이 차고 넘쳤는데, 어느 날 주변에 번듯한 건물이 생기고 유사 식당들이 생겨나니 지하에 있던 우리 가게는 그 환경 변화를 따라가질 못했다. 내가 아무리 노력해도 손님은 철새처럼 날아가는 걸 실감했다. 외식사업을 구상하는 여러분도 철새처럼 왔다 갔다 하는 손님만 쫓지 말고 환경 변화에 눈과 귀를 열어두고 큰 물결의 상권 변화가 생기면 손님이 그 쪽으로 이동하기 전에 내가 먼저 선점하도록 노력해야 한다.

그렇기 때문에 손님이 최대로 늘어나면 방심하지 말고 그때부터는 다음과 같은 두 가지 방법을 전략적으로 고려해야 한다.

첫째, 가격을 연차적으로 올리는 방법이다. 한 번 올릴 때마다 약 20% 정도 손님이 줄어드는 대신 매출은 똑같아 업주 수익에는 더 유리하다. 무질서는 줄어들고 서비스도 향상된다. 이는 꼭 필요한 방법인데, 가격을 조정하면 나의 경영에도 플러스가 되고 손님의 수준도 높이는 방법이기 때문이다. 이것이 경영의 묘미다. 가격을 그대로 계속 내버려두면 얼마 안 가 새로운 문제들이 생긴다.

둘째, 인근의 넓은 곳으로 가게를 옮기는 것이다. 어떤 분들은 가게를 옮기면 큰일 나는 줄 아는데 그건 좁은 생각이고 큰 장사의 생리를 몰라서 하는 소리다. 진짜 알짜 돈은 이때부터 쓸어 담는 것이다. 식당 사업으로 큰돈을 번 사람들의 대부분은 넓은 가게로 이전한 이후 그 시기부터 더 잘 된 경우가 많다. 그런 사람들은 결국 자신의 건물에서 큰 부자의 반열에 오르는 걸 볼 수 있다.

이밖에도 이 정도 위치의 가게로 올라서면 생명을 단축시키는 매스컴을 멀리하고, 세무회계를 철저히 하며, 위생 문제 또한 늘 관찰하고 신경 써야 한다. 직원들 노무 관계도 확실히 해둬야 한다. 결론적으로 업주는 손님의 고마움을 건강한 음식으로 보답하는 마음을 가져야만 한다. 손님은 그 맛에 행복을 느끼게 되고 나의 주머니는 늘 돈으로 춤추게 된다. 그래서 식당 장사는 정말 재미있는 사업이다.

장사가 생각대로
안 될 때 대처 방법

 아무리 철저한 계획 속에서 창업을 했다고 할지라도 나의 업종 선택에 실수가 있을 수도 있고 입지 선정이 잘못된 선택일 수도 있다. 상권은 수시로 변하기 때문에 처음 오픈 때는 주차 문제 이상 없고 주변 상권도 좋아보였지만 창업 후 얼마 지나지 않아 나의 가게 주변에 비슷한 업종이 계속 생길 수도 있고 주차 문제도 더욱 심각해질 수 있다. 이런 경우 수익은 줄고 월세와 관리비만 올라간다.

 이럴 때 경험이 부족한 경영주는 심리적으로 무척 힘들고 어렵다. 세월이 가면 갈수록 이러지도 저러지도 못하는 진퇴양난에 빠지게 된다. 사실 수많은 실패자들이 여기서 자멸하고 모든 것을 포기하는 경우가 많다. 그러다 엄청난 손실을 보는 사람들이 부지기수다.

나는 여기서 세 가지의 선택을 제안 드릴까 한다.

첫 번째로 해볼 일은 본인 가게에서 제일 자신 있는 메뉴 한 가지를 정하여 일시적으로 집중 마케팅을 하는 동시에 '미친데이', 즉 한시적으로 가격 파괴 행사를 갖는 것이다. 한 달 정도 기간을 정해놓고 일주일만 집중해서 해보면 확 달라진다. 무슨 장사를 하던 충격요법은 필요하기 때문에 한 달 정도 하고 끝내야지 길게 끌고 나갈 수는 없다. 이렇게 열심히 해보았는데도 먹히지 않는다면 다음 두 번째로 넘어간다.

두 번째는 업종을 변경하는 것이다. 외식업에서 가장 신중해야 하는 것이 업종 변경과 메뉴 손질이지만, 이왕 업종 변경을 하기로 마음먹었다면 확실하게 해야 한다. 그 지역 정서에 맞는 업종을 철저히 분석하여 변경할 메뉴를 정해야 한다. 그리고 일시적으로 영업을 중단하고 먼저 외부 상호부터 확 바꿔야 한다. 그래야 다른 사람들이 볼 때 새로운 가게가 생겼다는 생각을 하게 된다. 실내 분위기만 살짝 변경하고, 메뉴는 완전 100% 새로워야 하며, 전에 하던 방식보다 좀 더 적극적으로 손님을 응대해야 한다. 마케팅도 다른 사람이 새로 창업한 것처럼 집중해서 해야 한다. 참고로 업종 변경 시에도 한꺼번에 많은 투자를 하지 말고 최소 금액으로만 시도하는 게 좋다.

이래저래 해봤지만 그래도 안 된다면? 세 번째는 매매다. 식당을 창업하여 1~2년 만에 문을 닫게 되면 모든 것이 날아가기에 절대로 그냥 포기해서는 안 되고 매매에 유리하도록 할 수 있는 것은 일단 모두 해봐야 한다. 안 되는 가게는 주변에서 다 알고 있는데 그대로 부동산에 의뢰하고 '가게 임대'라는 글자를 써 붙이게 되면 내 투자금을 죄다 포기하는 거나 다름없다. 그렇다면 어떻게 해야 할까? 마지막 선택의 한 예를 들어 설명하도록 하겠다. 일단 직원은 1명만 두고 모두 내보낸다. 가게 앞면 전체에 '폭탄 미친데이 선언!'이라는 대형 현수막을 설치한다. 고기를 파는 집이라면 최상급의 고기를 반값만 받고 막 퍼줘야 하고, 실내는 아주 느리게 정리한다. 그러다보면 일시적으로 손님이 불어나는데 그때 바로 주변 부동산 여러 곳에 물권을 뿌린다. 너무 힘들어 못하겠노라고 하고 수수료 많이 줄 테니 급매로 처리해달라고 부탁하면 아마 무난히 어느 정도는 건져 나갈 수 있으리라 본다. 아무리 어렵고 힘들어도 조금만 참고 연구하면 임자는 늘 있는 법! 새로운 희망은 분명히 있다.

배달 사업, 사고 없이 신속 정확하게 하기

　많은 사람들이 창업을 꿈꾸지만 사실 엄두가 나지 않고 이래저래 고민만 하고 있다. 경제도 워낙 안 좋은데다 인건비, 점포세 등 무엇 하나 쉬운 게 없다. 그러다보니 1인 창업이 대세라고 할 정도다. 왜? 솔직히 겁나니까. 돈 조금만 투자하여 일단 창업한 후 일을 시작해보는 것이다. 혹 잘못되더라도 살아남아야 하니까. 그래서 후미진 곳에 작은 점포를 얻어 배달 사업을 하는 사람을 많이 본다. 하긴 치킨, 중식, 피자 등도 배달 사업이라고 할 수 있다.

　나도 외식사업 초기에는 회 배달 사업으로 시작했다. 우선 자동차 운전도 잘하지만 오토바이 운전을 잘했다. 그리고 약삭빠르고 재치가 있어서 배달 알바 학생들보다 2~3배는 신속, 정확하게 배달을 했고, 그렇게 많은 배달을 바쁘게 다녔어도 사고 한 번 없이 마무리했다.

임시 고용으로 배달하는 친구들을 투입해보면 수도 없이 사고를 낸다. 사고가 나면 장사에 막대한 영향을 준다. 그래서 주말 저녁에 주문이 집중되는 배달 사업은 늘 걱정이 태산이다. 배달 사업을 하는 경영주는 배달하는 방법을 제대로 공부하여 직원 교육에 항상 엄격해야 한다. 멘탈에 문제 있는 친구나 근무시간 외에 패거리들과 배달 오토바이를 함께 끌고 다니는 친구들은 가능하면 채용하지 않는 게 상책이다.

신속하게 배달하는 방법을 아파트의 경우를 예로 들어 설명하겠다. 하늘마을 ○○아파트 8△△동 ××03호에서 주문이 들어왔다고 치자. 1차로 보내는 사람이 지휘본부이기 때문에 먼저 정확히 그 아파트 찾아가는 방법을 설명해야 하고, 배달꾼이 출발하기 전 머릿속에 찾아가는 그림이 나와야 한다. 즉, 어디까지는 큰길(여기도 약간의 신호 위반할 수 있는 곳 선택) → 샛길(신호 위반 마음대로 할 수 있는 길) → 단지로 진입인지 미리 생각하고, 단지 내로 진입 직전에 이미 머릿속에 8△△동이 어디에 위치해 있는지 감이 와야 곧장 그 동으로 갈 수 있다. 호수는 좌측이

1번이기 때문에 ××03호라면 좌측에서 2번째 출구로 달려가면 된다. 내용물 전달 시에는 첫인상이 중요한데 친절한 좋은 느낌을 주도록 해야 한다.

다시 한 번 강조하자면 배달 사업의 제일 중요한 문제는 사고 없이 신속하고 정확하게 해야 하고, 마무리로 좋은 이미지를 남기고 오는 것이다. 이렇게 되도록 하는 것은 경영주 손에 달렸다. 그래서 배달 사업을 하시는 분은 본인이 직접 주문을 받아 배달을 다니면서 보고 느껴야 한다. 그리고 난 후 직원들을 확실히 교육시켜 현장에 투입하기 바란다.

장사를 하다 보면
생기는 크고 작은
사기 피해 대처법

얼마 전 지인의 가게에서 발생한 일이다. 손님이 식사 중에 금이 빨이 손상되었다면서 고함치고 손해배상을 요구했다. 배상액으로 70만 원을 달라며 1시간 이상 손님들 앞에서 소란을 피우니 장사에도 차질이 생겼다. 할 수 없이 지인이 그 손님에게 돈을 주려고 했다. 그런데 돈을 건네기 직전에 내가 낌새가 이상한 걸 눈치 채고 그 손님에게 고발 조치하겠다고 엄포를 놓자 아니나 다를까 그대로 도망가 버렸다. 이런 사람을 잡아보면 '전문 꾼'인 경우가 대부분이다. 한 가지 조심할 것은 이런 사람들이 앙심을 품고 가게에 해코지를 할 수도 있다. 지인의 가게도 그 사람이 시청위생과에 고발하는 바람에 위생검사를 받느라 곤욕을 치렀다.

장사를 하다 보면 이런 일이 비일비재하다. 경영주 입장에서 배울 게 많을 듯하여 내가 겪었던 사례 하나를 이야기하겠다. 예전에 인테리어 사업할 때의 일이다. 정장 차림의 손님 한 분이 찾아와 자기 사무실 공사를 해야 하는데 견적을 내야 하니 샘플을 가지고 함께 가자고 했다. 우선 선금을 내야 하는데 100만 원짜리 수표밖에 없다고 하여 거스름돈 30만 원을 현금으로 준비해서 함께 빈 사무실로 따라갔다. 그리고 바닥 등의 평수를 내고 있는데 그 사람이 누군가와 통화를 하더니 급히 현금을 보낼 데가 있으니 가지고 온 30만 원을 일단 빌려주면 이따가 인테리어 가게로 가서 수표 100만 원을 선금으로 주고 빌린 돈도 공사대금과 함께 갚겠다고 했다. 나는 별다른 의심 없이 알겠다고 하고 내 돈 30만 원을 내주었다. 그리고 다시 평수를 내며 꼼꼼히 기록을 하고 있는데 그 사이 그 사람은 밖에서 전화하는 척하더니 그 길로 삼십육계 줄행랑을 쳐버렸다. 나중에 알고 보니 그 사무실도 남의 빈 건물이었다. 피해액이 크지 않아 다행이었지만 그래서 더 당하기 쉽다.

이와 유사한 사건은 수도 없다. 특히 식당 사업을 하다 보면 제일 많이 일어나는 일이 신발 문제다. 벗어놓은 자기 신발이 없어졌다며 물어내라고 하는 것이다. 다음으로는 앉아 있다가 뜨거운 뚝배기에 담긴 음식을 가져올 때 몸이나 팔을 틀면서 고의로 음식물이 몸에 튀도록 만든 후 돈을 요구하는 경우다. 그밖에 주문한 음식에 벌레나 머리카락 등의 이물질이 들어있다는 핑계로 돈을 요구하기도 한다. 이런 식으로 사기를 치는 전문 꾼이 정말 많다.

이런 일이 영업시간에 발생하면(꾼들은 손님이 제일 많이 붐빌 때 일을 꾸민다) 일단 조용히 사과드리고 차후 배상을 하겠노라고 한다. 그러나 꾼들은 절대 그렇게 조용히 해결 보려고 하지 않는다. 더더욱 고함을 치면서 빨리 돈을 내놓으라고 요구한다. 이때는 주방장이나 찬모를 투입하여 설득과 완력을 동시에 보여준다. 그래도 꼬리를 안 내리면 지배인이나 점장을 투입한다. 그리고 최종적으로 경영주가 나서서 판단을 내린다. 처음부터 경영주가 나서서 쩔쩔매면 꾼들은 더 기세등등해진다.

꾼들의 유형을 보면 첫째, 무조건 큰소리치는 사람, 둘째, 막무가내로 빨리 돈을 달라며 배상을 요구하는 사람, 셋째, 고발하여 형사적으로 가겠노라고 협박하는 사람이 있다. 이런 유형의 사람들은 전부 사기꾼들이라고 보면 된다. 이렇게 소란피우며 나오는 꾼들은 조용히 불러서 "경찰을 부를 테니 법적으로 해결합시다."라고 하며 지연작전으로 나가면 자기가 꾼인 걸 들킨 것을 눈치채고 도망가게 된다.

가끔 직원 중에서도 장난치는 사람이 있다. 요즘은 사람 구하기가 무척 어렵다. 그러다 보니 검증이 안 된 사람을 채용하기도 하는데 엉뚱하지만 여기에도 전문 꾼들이 있다. 일을 시작하고 며칠 안 가서 여러 형태의 사고를 친다. 그러면서 경영주를 협박하고 돈을 요구하는데 약자인 척하며 경찰을 부르고 인터넷에 올리기도 한다. 그렇게 악덕업자로 몰아 노동부에 고발하여 아주 많은 돈을 갈취해낸다. 심지어 약점을 보이면 일을 키워 세무조사까지 받게 되는 경우도 있다. 이런 경우 경영주는 빨리 내부 위생문제, 장부처리 등을 점검한 다음 정면 돌파해야 한다. 이런 사람들은 남자든 여자든 '을'이 아니고 가게 하나 쑥대밭으로 만드는 전문 꾼이다. 그렇기 때문에 강력하게 대처하는 방법밖에 없다.

　장사도 힘든데 그런 일까지 신경 써야 하나 골머리가 아플 것이다. 하지만 어쩔 수가 없다. 그런 것까지도 사업의 일부라고 생각해야 한다. 경영주에게는 꺼진 불도 다시 보는 세심한 관찰이 필요하다. 당하지 않으려면 말이다.

건강도 경영,
장사하면서 건강 챙기기

사업도 건강해야 자신감이 생기고, 자신감이 있어야 장사도 유쾌하게 할 수 있다. 내가 잘 아는 외식사업가가 있다. 그는 1년 내내 아무리 춥고 더워도 아침 일찍 자기가 살고 있는 인근 야산으로 산책을 가고 심신단련을 한다. 그래서인지 늘 유쾌하게 장사를 즐기는 걸 볼 수 있다.

나 또한 오랫동안 장사를 하다 보니 건강을 챙기는 나름의 방식이 있다. 창업을 하게 되면 머리 쓰는 일도 많고 많은 체력을 요하게 된다. 아침에 일어나면 뜨거운 물 한 잔 마시고 헬스장으로 직행한다. 1시간가량 근력운동을 해준다. 오후 한가한 시간이 되면 어디든 답사를 다니는데 보고, 느끼고, 배울 게 많다. 자영업은 본인 스스로 모든 걸 책임져야 하기에 헬스는 주 4~5일로 꼭 하고 매주 토요일은 산행을 하여 몸과 마음을 쉬게 한다. 산행은 체력도 키우지만 사업 구상을 할 때도 좋다. 나에게 이 방식은 30년 가까이 늘 해오고 있는 일상이다. 십 수 년 전부터는 간간히 골프 연습과 필드 운동을 하고 있다.

 이와 함께 외식사업 경영주는 건강한 식단도 짜야 한다. 음식 장사하는 사람들이 오히려 먹는 것에 소홀한 경우를 보는데 그래서는 안 된다. 직원들 식사에 신경 쓰는 만큼 본인의 식사도 제때 영양학적으로 균형 있는 식사를 해야 한다. 잘 먹어야 그 에너지로 손님들에게도 좋은 음식을 대접할 수 있는 것이다.

 수면 습관도 중요하다. 24시간 영업을 하는 식당의 경우에는 자칫 일 욕심에 수면 시간이 줄어들 수 있는데 조금 적게 자더라도 수면의 질을 높여 생체 리듬에 무리가 가지 않도록 조절해야 한다. 나는 항상 잠들기 전 10분가량

제7회 〈한국경제TV〉 아마추어 챔피언 골프대회

눈을 감고 하루 일과를 되새김하며 그날 일어난 일들을 정리해보는 습관이 있다. 그렇게 차분히 명상을 하다 보면 마음도 평안해지고 숙면을 하게 된다.

육체의 건강만큼 정신 건강도 중요하다. 정신이 건강하려면 우선 가정이 화목해야 한다. 사업을 하면서 누누이 목격하는 일인데, 부부가 함께 장사를 너무 오래 하면 싸움을 많이 하게 된다. 밤낮으로 붙어있으니 서로 사소한 일까지 알게 되고 간섭하게 된다. 그러다 보면 까닥 잘못하다가는 장사로 인해 갈라설 수도 있다. 우리 주변에 외식사업으로 크게 성공한 부부들을 보면 가정이 무너지고 이혼까지 하는 경우가 다반사다. 사업체가 작고 어려울 때는 함께 이겨냈지만 풍족해지면 여기저기 또 다른 사업을 벌이게 되고 그러면서 부부 사이는 점점 멀어지게 된다. 아무리 부부가 함께 경영할지라도 리드는 한 사람이 해야 직원들도 혼란스러워하지 않는다. 업무적인 부분에 있어서도 역할 분담을 확실히 하고 일과 가정사가 엮이지 않도록 지혜롭게 잘 조정해야 한다.

　아무리 성공해서 돈을 많이 벌어도 건강을 잃으면 모두를 잃는 것이다. 몸도 마음도 잘 챙겨 성공한 사업가로서의 행복을 마음껏 누리길 바란다.

제 4 장
돈이 보이는 실전 외식 창업
: 투자편

창업의 목표는 성공이다. 성공의 의미에는 여러 가지가 포함되겠지만 그래도 역시 제일 중요한 것은 돈이다. 돈 많이 벌어 부자가 되는 것! 하지만 장사만 잘 한다고 돈이 차곡차곡 모이는 것은 아니다. 장사는 기본이고 장사를 해서 모은 여윳돈을 종자돈 삼아 돈을 불려야 한다. 한마디로 '투자'를 할 줄 알아야 한다.

그럼 어떻게 장사를 하고 재테크를 해야 가난을 이기고 10억 정도를 모을 수 있을까?, 누구한테 부자 되는 방법을 배울 수는 없을까? 이런 질문을 한다면 필자는 이렇게 말씀드리고 싶다. 성공한 사람들의 80~90%는 길을 알려주는 좋은 사부가 있었다고. 살아남기 힘든 이 시대에 나 혼자서 할 것인가, 아니면 누구와 함께 할 것인가. 앞으로 5년 또는 10년 내 10억을 모으겠다는 간절한 소망이 있다면 이 책 또한 집중 활용하시기 바란다. 반복해서 공부하고 내용들을 자신의 것으로 만들어 귀신도 놀랄 백만장자가 되는 숨은 계획을 세워야 한다.

투자라는 개념에는 부동산과 주식 투자는 물론이고 외식사업의 중요한 부분이기도 한 상가 분양 혹은 임대하는 것부터 시작해 가게 매매와 이전, 확장 등도 포함된다. 투자에 관한 전문적인 내용은 여러분 스스로 경제신문이나 관련 서적을 파야 좀 더 깊이 있게 알게 되겠지만 장사를 하면서 기본적으로 알아야 할 투자의 상식은 여기에서 짚고 넘어가도록 하겠다.

그리고 잊지 말자. 투자 역시 즐기는 것이 기본이 되어야 한다는 것을 말이다.

창업 시 어디에
얼마를 투자해야 하나

초기 창업투자금은 최대한 적게 하고 순전히 노력과 아이템으로 승부를 봐야 한다. 무섭게 뛰는 도전정신과 열정으로 경영의 맛을 본 후 차차 확장해 나가는 게 답이다. 돈이 많고 적고를 떠나 이 시대의 투자는 리스크에 최대 중점을 두어야 하기 때문에 세심한 전략이 요구된다.

우리 주변의 사례를 살펴보자. 내가 아는 50대 중반 은행 퇴직자 분을 만나 사연을 들어보니 퇴직한 지 몇 개월 만에 6억 5천만 원을 투자해 스크린골프장을 창업했다고 한다. 그리고는 나에게 어떻게 하면 운영을 잘할 수 있냐고 물었다. 내 대답은 2년만 하고 무조건 매도하라는 것이었다. 한마디로 원금회수는 불가능하다.

그분이 손해를 볼 수밖에 없는 이유는 2가지다. 첫째, 그분은 오랫동안 은행에서 낮에 근무한 분이다. 그런데 스크린골프는 주말 장사인데다 밤늦게까지 근무해야 한다. 따라서 장기적으로 볼 때 그분은 이 사업을 절대 할 수 없다. 즉, 자신의 적성과 안 맞는 업종을 선택했기 때문에 사업이 잘 될 수가 없다. 둘째, 오픈하고 1년 정도는 새로 들여온 시설로 시스템도 밝고 좋다. 하지만 1년 몇 개월만 지나도 벌써 시스템이 뒤처지기 시작하고 손님들은 새로운 신규점을 찾아 떠나게 된다. 그러니 오래 갈 수가 없는 사업이다. 또한 가게 매매 가격도 갈수록 제값을 못 받기 때문에 2년을 넘기지 않고 접는 것이 그나마 손해를 덜 보는 길이다.

물론 성공적으로 창업을 한 예도 있다. 계절과 업종이 잘 맞아 성공한 경우인데, 첫 번째는 미개발지역 상업지 내에 오픈한 24시 콩나물해장국집이다. 투자금 6천만 원 정도의 작은 가게인데 영업 개시 7개월 만에 원금을 모두 회수한 성공 케이스다. 두 번째는 손만둣국집이다. 11월에 오픈하여 계절적으로도 적절했고 매스컴의 유행으로 단번에 손님이 북적북적한 맛집이 되었다. 이렇게 입지, 업종, 계절이 맞아 떨어져야 어느 정도 성공이 보인다.

창업을 할 때는 단기적인 장사를 하여 돈을 벌고 말 것인지, 장기적인 안목으로 길게 장사할 것인지를 먼저 판단하고 투자해야 한다. 초단기적인 장사를 한다면 장소와 업종, 전략 등을 그에 맞게 짜야 실수 없이 돈을 벌고 빠져나갈 수 있다. 장기적인 장사를 계획한다면 위치 선정, 가게 규모, 업종, 땅의 위치와 모양, 주변 여건 등의 종합적인 점수에 의해 사업 계획이 이뤄져야 한다.

창업을 계획하다 보면 내가 꼭 원하는 입지에 나의 아이템으로 시작하는 경우도 있지만 그렇게 내 계획대로 되지 않는 경우가 더 많다. 그렇다고 마냥 손 놓고 기다릴 수는 없는 일. 다니다보면 순간 치고 빠질만한 가게는 많이 나오는데 장기적으로 영업을 하기에는 무리인 경우가 있다. 초기 단지 내 근생(근린생활시설) 가게, 상업지 외 틈새 작은 가게, 대형마트 주변 가게, 골목 상권 입구 상가점포 같은 가게들은 초기에는 별 볼일 없어 보이기 때문에 점포 얻기가 쉽다. 단기 장사를 노리는 분이라면 이런 가게가 보이는 즉시 계약하여 기본 인테리어에 집기 등도 최소 투자만 한 후 시간을 보내라. 초기 상권은 장사도 잘 되지만 얼마 지나지 않아 상권이 형성되면서 권리금을 많이 받고 쉽게 빠져나갈 수 있다. 그동안 경험도 얻고 자신감도 생겨 처음 계획대로 진행하는

데 큰 도움이 될 것이다.

　장기적인 장사를 계획하는 분들이 크게 실수하는 경우를 보면 지나치게 남의 상가에 인테리어를 많이 한다든지, 체인 가맹점을 내면서 엄청나게 투자를 많이 한다. 또 내 집처럼 오랫동안 안정적으로 장사할 욕심으로 호사스러운 고급 집기류를 투입하여 시작하기도 하는데 계획대로 영업이 안 될 시에는 큰 손실을 보게 된다. 이런 경우를 나는 수도 없이 봐왔는데 아무리 장기적인 영업을 염두에 뒀다고 할지라도 돌다리도 두드려 보고 건너는 심정으로 계획의 절반 정도만 투자하여 시작해보는 것이 좋다. 그렇게 시작하고 시간을 두면서 가능성이 보일 때 남은 50%도 쏘는 것이 정답이다.

　처음부터 100% 다 투자해도 되는 경우는 본인 단독 상가이거나 자신의 땅에 건물을 신축했을 때, 또는 오랫동안 동종 업종 사업을 하다가 옮겨올 때, 추구하는 목표가 장사 수익에 있지 않고 건물의 부가가치를 올리는 데 있을 때 등이다. 엄청나게 좋은 입지의 가게라면 혹 잘못될 경우라도 차후 권리금으로 만회할 기회가 있기 때문에 가능하다.

　요즘처럼 경기가 하염없이 나빠지는 저성장시대에는 자영업자의 경쟁이 더욱 치열해진다. 이런 시대의 창업은 확실한 아이템을 가졌다 할지라도 내일 일을 알 수 없다. 따라서 '몰빵 투자'는 자살 행위나 다름없다. 어떤 경우라도 70% 이하만 투자하여 차차 신뢰를 쌓은 다음 공격적인 투자를 하기 바란다. 이 세상은 결국 살아남는 자가 최종 승리자이기 때문이다.

분양 상가 VS 임대 상가

누구나 여유만 있다면 자리 좋은 상가를 분양 받아 내 가게에서 여유롭게 장사하는 게 로망이다. 그런데 '내 가게에서' 이 말은 좀 더 깊게 생각해봐야 할 대목이다. 언뜻 보기에는 임대료도 안 내고 차후 매매 수익도 볼 수 있어서 여러 모로 괜찮을 것 같지만 그 비싼 가게를 대다수는 무리해서 융자 많이 끼고 분양을 받는다. 그런데 내 생각대로 안정된 장사와 매매 수익이 가능할까? 절대 쉽지 않다.

우선 임대료는 안 내지만 관리비와 은행이자가 나간다. 상가 건물이 다 입점하면 주차 전쟁이 시작되고 장사에 상당한 차질이 오기 시작한다. 옆 건물들이 모두 차면 더더욱 주변이 복잡해져서 오가는 사람들은 많이 보이지만 은행, 병원, 안경점, 통신점, 학원 등만 장사가 되는 것이지 그 외 자영업 가게들은 속빈 강정이다. 처음 분양 받을 때는 1등 가게로 보였지만 주변 상가들이 다 차고 나서 보면 2등, 3등 가게로 전락한다.

또 한 가지, 본인 점포에서 하는 장사와 임대료 많이 내면서 하는 장사는 정신무장에서 확연히 차이가 난다. 임대료 많이 내고 어렵게 창업을 해야 반드시 성공해야 한다는 긴장감을 갖고 앞뒤 안 가리고 열심히 하게 된다. 본인 가게에 앉아있으면 그런 감정은 생길 수 없다. 장사는 배고파야 죽기 아니면 까무러치기로 몸을 던져서 하지, 배부르면 절대 외식사업 안 하는 게 옳은 판단이다. 분양 받은 상가로 차후 수익을 내기는커녕 팔아먹기도 힘들고 임대 수익도 점점 줄어든다. 결국 융자 받은 은행 빚만 고스란히 남는 경우가 생길 수 있다. 물론 어쩌다 한두 개는 성공할 수도 있지만 대다수 분양 상가는 손해 볼 확률이 높다는 것을 명심해야 한다.

그래도 꼭 상가 점포를 분양 받고 싶다면 분양이 시작되고 한참 후에 마지막으로 아주 싸게 줄 때 3층 이상 꼭대기 층이나 분양 받는 게 임대 놓기도 유망하다. 요즘은 은행도 2~3층으로 올라가고 병원, 학원 등 용도도 다양한 편이다. 우리가 통상적으로 좋은 물건은 먼저 비싸게 팔고 안 좋은 것은 나중에 싸게 팔게 되는 원리다. 결론적으로 꼭 장사를 해야 한다면 분양 받을 돈은 저축이나 땅에 묻어두고 임대 상가를 얻어 창업하는 게 정답인 듯하다.

아파트 단지 상가 VS 역세권 상가

요즘 상가 분양 트렌드를 보면 초기 분양 때는 엄청 비싸면서 임대료도 무척 많이 받아줄 것처럼 광고하지만 막상 분양도 어느 정도 끝나고 입주 때가 되면 빈 가게가 수두룩한 것을 흔히 볼 수 있다. 임대 수익도 초기에는 6~7% 나오는 듯하지만 잘못하다가는 은행 빚만 잔뜩 질 수 있다. 중심 상업지구를 뺀 일반 상업지구 내 건물 임대도 마찬가지 현상이 일어난다. 왜 일까?

첫 번째 이유는 주차 문제다. 역세권과 일반 상업지구는 60%만 차도 주차창이 만원인데 곳곳에 CCTV가 설치되어 있기 때문에 차량을 가지고 오면 주차 때문에 식사를 할 수가 없다. 두 번째는 임대료, 관리비가 너무 비싸기 때문이다. 초기 1~2년은 그런대로 경영이 가능하지만 그 이후엔 비싼 임대료와 관리비 때문에 수익을 낸다는 것을 장담하기 어렵다. 세 번째는 창업할 만한 업종이 그리 많지 않다는 것이다.

　아파트 단지 상가부터 보자. 분양 때 수십 대 일로 처음 입점을 할 때는 임대료도 비싸고 초기 장사하고 빠지는 사람들 때문에 그런대로 빈 가게도 없이 다 차 있다. 이때는 부동산, 편의점, 세탁소, 미용실, 학원 등 업종도 다양하다. 그런데 막상 2년만 지나고 보면 임대료는 내려가고 서로 빠져 나가려고 눈치작전을 벌인다. 결론적으로 보면 부동산 1~2개 빼고는 수익 낼만한 업종이 별로 없다. 세월이 가면 갈수록 아파트 단지 외부에 대형마트를 비롯하여 오만 가지 것들이 생겨나기 때문에 파격적인 가격 외에는 투자를 안 하는 것이 상책이다. 결론적으로 말해서 아파트 단지 내 상가의 경우 처음 입주 때는 잘 되지만 그 수명은 고작 1년 정도로 보고 투자해야 한다. 작은 편의점, 세탁소, 부동산 등은 지속가능하지만 그 외 업종은 가능하면 빨리 이전해야 한다.

　역세권 가게 분양과 임대의 경우는 어떨까? 1층의 아주 좋은 가게는 분양받기도 힘들고 가격도 높다. 임대를 얻어 장사를 고려

하는 분이라면 많이 투자하는 건 리스크가 따르기 때문에 작은 투자로 승부하는 것이 좋다고 볼 수 있다. 흔히 역세권 좋은 자리에 브랜드 커피집이나 빵집이 자리 잡고 있는 것을 볼 수 있는데 투자금액 대비 수익은 별로 크지 않고 리스크는 무지 많은 것이 사실이다. 요즘 역세권 주변 대형 건물엔 기업에서 하는 외식업체가 치고 들어와 경쟁력이 없는 개인 가게는 수시로 주인이 바뀌는 것을 볼 수 있다.

 역세권 주변에서 할 수 있는 유망 업종은 외식업으로 볼 때는 24시 해장국이나 콩나물국밥, 곰탕, 가정식 생선구이집, 간단한 중식집, 김밥, 떡볶이, 분식집 등이다. 특히 밤낮으로 사람이 많이 움직이는 역세권에서는 24시간 영업하는 해장국집을 적극 추천한다. 고기집이나 횟집, 샤브샤브집 등은 주차 문제가 쉽지 않기 때문에 영업이 어렵다.

 이밖에 신설 단독주택 골목상권의 경우에는 초기 동네가 형성되기 전에는 그럭저럭 영업이 되는 듯하지만 동네가 꽉 차면 주차 문제, 골목 규제 같은 업종끼리의 경쟁이 치열해져 피곤한 일만 생겨난다. 겉만 그럴듯하지 수익은 점점 줄어들 수밖에 없는 구조다. 즉, 골목상권이 70~80%까지 들어차면 빨리 이전 또는 매도하고 나와야 손실을 줄일 수 있다.

그리고 한 가지 더, 정말 조심스럽고 신중한 접근을 요하는 상권이 있는데 바로 상업지구 내 근린상가다. 기본적으로 모양새는 좋아 보이지만 땅이 작아 주차할 공간이 절대적으로 부족하고 옆 건물들이 한 번에 들어차기 때문에 순간 경쟁도 치열해진다. 이런 곳에서 할 수 있는 업종은 병원, 학원, 교회, 마트 등이다. 동네 소규모 자영업 정도는 장기적으로 안정된 사업을 할 수 있지만 식당 사업은 가능하다면 초기에 진입하여 잠시 하다가 권리금 먹고 빠져나오는 것이 대박이다. 식당 사업은 2~3층 올라가면 쪽박이다.

중심 상업지구는 임대료는 비싸지만 좀 더 길게 장기적으로 장사할 수 있다고 본다. 여기도 신의 한 수가 있다. 이유 불문하고 상업지구 내에 제일 먼저 들어서는 건물 중 1층 어느 곳이든 잡아서 업종 선택을 하고 넓게 입점만 하게 되면 90% 정도는 성공이 보장된다. 할 수 있는 업종은 무지 많지만 즉시 대박 나는 업종 몇 가지를 말씀드리자면, 해장국, 순댓국, 뼈다귀국, 추어탕, 만둣국, 칼국수, 중국집, 횟집 등이다.

가게 매매는
어느 시기에 어떻게 처리하나

   누구나 창업을 하여 장사를 하다 보면 여러 변수가 있을 수 있는데 매매 타이밍이 중요하기에 우리는 여기서 하나하나 짚어보고 배워둬야 한다. 장사가 잘 되는 가게는 큰 가게로 이전해야 하니까 하고 있는 가게를 잘 팔고 나가야 하고, 장사가 안 되는 가게는 어떻게든 빨리 팔고 나가야 손실을 줄일 수 있다. 그러다보니 점포 매매가 수시로 발생한다. 그래서 집도 매매 시기를 잘 포착해야겠지만 점포 매매는 더욱 그 시기를 잘 봐야 한다. 살아 있는 가게를 매도하고 마무리할 때는 어느 시기에 어떻게 처리하느냐에 따라 금액 차이가 많이 나기 때문이다.

   유형별로 보면, 현재 하고 있는 사업장이 잘 되고는 있어도 오래 하다 보니 보이지 않는 내부적인 갈등, 건물주와의 갈등, 이웃들과의 감정싸움, 주차 문제로 인한 갈등, 상하수도 문제 등 깊은 애로사항이 있을 수 있다. 이러한 문제들은 장사를 하고 있는 본인만 알지 남들은 전혀 알 수가 없는 것들이다. 이런 경우 표시 안 나게 장사를 하면서 인근에 좋은 가게가 나오면 즉시 그 가게를 아무도 몰래 잡아두고 지금 하고 있는 가게를 여러 곳에 급매로 푼다. 누가 봐도 그 가게는 지금 잘 되고 있기 때문에 원하는 금액에서 조금만 빼주면 바로 계약된다.

다른 경우를 보자. 현재 하고 있는 가게 위치와 상권이 최상이어서 권리금이 장난 아니게 많이 붙은 상태인 경우가 있다. 이런 가게도 상권의 변화, 계절의 변화, 권리금의 변화 등을 주시하다 인근에 주차장이 여유 있는 가게가 보이면 권리금을 왕창 받고 이전할 수 있다. 원래 하던 가게는 위치가 좋아 다른 용도로 들어오기 때문에 기존 브랜드를 옮겨가면 장사는 여전히 잘해먹을 수 있고 수년 동안 장사하여 벌 돈을 미리 권리금으로 받기 때문에 멋진 타이밍이라고 볼 수 있다.

또 일신상의 이유로 어쩔 수 없이 가게를 처분해야 할 경우가 있다. 몸이 많이 아파서 또는 누군가 돌아가셨다든지 등등 여러 가지 일이 있을 수 있다. 이런 경우는 가능하면 나의 약점을 말하지 말고 조용히 처분하는 것이 제일 현명한 방법이다.

  장사를 아무리 열심히 해도 수익이 안 나고 미래의 희망도 안 보인다면? 업종을 변경하려고 해도 돈은 돈대로 많이 들고 그렇다고 성공한다는 확신도 없다. 이런 저런 고민 중에 가면 갈수록 적자만 쌓인다. 이런 경우에도 가게를 처분해야 하는데, 사실 이 지경까지 오기 전에 진작 처분했어야 한다. 결단을 못 내리고 마냥 끌고 나가는 사람들을 많이 볼 수 있다. 이런 사람들에게는 더 이상 시간 죽이지 말고 손실이 어느 정도 발생하더라도 가게를 과감하게 팔아야 다음으로 갈 수 있다고 말해주고 싶다. 사업은 언제나 잘못될 수 있기에 하루라도 빨리 인정하고 결단하여 처분해야 몸도 마음도 살리고 다음의 기회를 찾을 수 있다. 우물쭈물하다가는 진짜 쫄딱 망하는 꼴을 당하게 된다.

언제쯤 사업장을
확장하는 것이 좋은가

십 년 식당 사업을 하시는 분들 중에는 그렇게 많은 손님이 와도 이전이나 넓은 곳으로 확장, 이전을 망설이는 분들이 있다. 2호점, 3호점도 안 내고, 혹은 못 내는 사람도 많다. 결단의 승부사인 나는 이렇게 말하고 싶다.

"한 번 해봐, 무슨 일이 생기는지."

가늘게 오래 하는 것도 좋은 방법이긴 하지만 기회가 오면 잡을 줄도 알아야 새로운 도약을 할 수 있다. 너무 조심하는 인생, 평생 돌다리만 두드리다 끝나는 삶은 재미없다. 때론 과감한 용기가 꼭 필요하다. 기회가 오면 아무도 모르게 잡아챌 줄도 알아야 한 레벨 점프 업 하는 인생 역전이 나오는 것이다.

경영을 맛깔스럽게 하다 보면 날로 손님이 늘어나는 것을 실감하게 되고, 매장은 협소한데 인력 공급이 제대로 되지 않아 점심 시간마다 난장판이 되고 주말에는 감당을 못하는 경우가 종종 생기게 된다. 남들이 볼 때는 즐거운 비명 같겠지만 경영자 입장에서 보면 주말이 겁난다. 아마 전국적으로 이런 장사 잘되는 사업장들이 많을 것이다.

그런 분들을 위해 팁 하나! 바로 이때가 확장할 시기요, 2호점을 낼 최고의 찬스라는 점을 알려드리고 싶다. 이 시기를 놓치면 손님이 계속 폭발적으로 늘어나는 것이 아니라 점차적으로 줄어들기 시작한다. 왜? 손님들이 그 집에 가면 짜증이 나기 때문이다.

늘 손님이 많다보니 서비스는 엉망이고 너무 복잡해서 식사할 맛도 안 난다. 그런 상태가 계속되면 단골손님 일부는 차차 등을 돌리게 된다. 그래서 넓고 아늑한 곳으로 이전하여 새로운 마음으로 더욱 안정된 서비스로 보답하면 본격적으로 손님 수가 불어나기 시작한다. 그때가 가장 많이 돈을 벌 수 있는 기회다.

변하지 않는 고집은 음식에만 적용시키고 경영에는 상황에 따라 변화의 고집을 피울 줄 알아야 진정한 성공의 참맛을 보는 것이다. 매일 매일 좁은 공간에서 힘들게 장사하다 보면 번 돈 한 푼 못 써보고 골병만 든다. 외식사업은 긴 세월 온 몸으로 하는 사업이라 건강도 스스로 챙기고 즐길 줄 알아야 진정한 승리자가 되는 것이다.

도시가 아닌
외곽에서 성공하기

도심 창업보다 한적한 외곽에서 외식사업을 하거나 카페 창업을 하는 경우가 무척 많다. 우선 내 마음대로 꾸미고 여유롭게 경쟁의식 없이 할 수 있는 장점이 있다. 또 주 5일 근무로 주말 나들이객이 많기도 하고 도로 사정과 차량의 성능도 좋아져서 지금 트렌드에 부합된다. 임대료 문제도 좀 수월하고 주말에만 열심히 하면 평일은 여유롭게 텃밭도 일구고 취미 생활도 가능하다.

그러나 무슨 일이든 장단점이 있는 법. 외곽 창업의 장단점을 파헤쳐보자. 위에서 말한 것처럼 내가 원하는 대로 해볼 수 있다는 점이 가장 큰 장점이다. 주차 문제도 어려움이 없다. 멋진 자리에 카페를 예쁘게 차려놓으면 기분도 굿이다. 내 땅에다 내 건물, 내

카페 혹은 가든을 가지고 있다는 만족감도 크다. 시간이 지나면 땅값도 올라간다. 생각만 해도 기분 좋고 배가 부르다.

여기서 팁 하나! 외지에다 땅을 사서 식당이나 카페를 준비한다면 분명한 목표가 정해져야 한다. 노련한 사업가는 장사 수익보다 땅의 부가가치를 올리는 데 목표를 둘 것이다. 그래서 좋은 땅을 사서 돈을 만들어야 한다.

단점은 외곽에서 식당이나 카페를 창업하면 보기에는 근사하지만 수익 내기는 그리 쉽지 않다는 점이다. 주말 낮과 평일 점심시간에만 영업이 가능하고 아침, 저녁 장사는 거의 제로라고 봐야 하기 때문에 처음부터 욕심은 금물이다. 어느 정도 세월이 흘러야 입소문이 난다. 제일 중요한 것은 선택과 집중이다. 그 지역 특산물이나 본인만의 특별한 메뉴 한 가지로 승부를 걸어야만 주기적으로 재방문이 이루어진다.

외지 창업에서 가장 큰 애로사항은 직원 출퇴근 문제다. 실장과 직원 구하기도 어렵다. 마케팅도 문제가 있다. 거주지와 사업장이 함께 있다면 별 문제 없겠지만 멀리 있다면 관리가 힘들어 장기적으로 볼 때는 이사를 해야 한다.

지역의 예를 보자. 강화도에 창업한 외식 카페의 현황을 보면 10개 중 9개는 전멸 상태다. 살아남은 1개는 상대적으로 대박이지만 수년간 외식 카페 자리의 땅값은 제자리 또는 하락했다. 이렇게 될 경우 매도를 치고 빠져나갈 수가 없다. 왜? 손실을 많이 보기 때문이다. 잘못하다간 어정쩡하게 그곳에서 사업을 하는 것도 아니고 그렇다고 농부도 아닌 상태로 전락하는 경우도 수도 없이 많다.

반대로 제주를 보자. 수년 전과 비교해보면 수많은 밀감 밭이 주택지로 변하고 좋은 길목이나 바닷가는 온통 카페나 식당이 만원이다. 실상을 들여다보면 장사는 그리 호황을 누리는 건 아니다. 워낙 관광객이 많이 오기에 그런대로 돌아갈 뿐이다. 물론 초대박 가게들도 많이 생겨났다. 그러나 최근 몇 년간 땅을 구입하고 자신의 건물을 지어 창업을 한 사람들은 장사에서는 현상 유지 정도만 했어도 땅값이 크게 올라 속으로 함박웃음을 짓고 있다. 이렇듯 투자에 대한 목적의식이 뚜렷하게 있어야 안심하고 원하는 외곽에서 하고 싶은 사업을 할 수 있다.

장사하면서 재테크하기 ①
부동산 투자

- 보통 사람들이 부자로 사는 길
* 이 대목을 읽고 상상해보라.

　수십 년 서울 수도권에 살아보니 매일 돈으로 산다. 어떤 사람은 죽자고 열심히 직장 다니고 힘들게 일해도 항상 돈이 없어 쩔쩔 맨다. 또 어떤 사람은 늘 돈 걱정 없이 풍족하게 산다. 이유는 뭘까? 그 차이는 부동산을 아는 사람과 부동산을 모르는 사람의 차이에서 비롯된다. 부동산은 똑똑하고 대단한 사람만 하는 게 아니다. 다만 누군가는 가진 돈이 조금 적어도 기회만 되면 냅다 지르는 반면, 누군가는 자기는 돈이 없다고 단정하고 아예 관심도 안 가

지고 포기하고 산다. 바로 그 차이가 부의 차이를 결정한다.

누군가 부동산의 진짜배기는 '땅'이라고 했다. 땅을 가진 자가 돈을 지배한다. 나도 오래 전 부동산에 처음 관심을 가졌을 때 오래 된 주택을 사서 수리하여 팔거나 분양 아파트 3순위에 청약하여 당첨되면 그 자리에서 얼마의 프리미엄을 먹고 파는 방식으로 재미를 봤다. 그리고 나서는 하던 장사와 다른 일은 뒷전이고 거기에 빠지기 시작했다. 아파트 분양 시장과 임대주택까지 파고들어 맛을 들인 후 가진 돈을 모두 투자했다가 다 까먹기도 했다. 다시 재개발, 재건축에 뛰어들어 조금씩 벌어먹다 1990년대 중반경 땅으로 눈을 돌렸는데 땅은 알면 알수록 무한한 깊이가 있었다. 한마디로 나의 마음을 흥분시키고 춤추게 하는 매력덩어리였다.

물론 다른 좋은 직업으로 돈을 많이 번 사람도 있겠지만 보통 사람 중에 부자로 사는 사람 대부분은 자나 깨나 부동산에 많은 관심을 두는 사람들이다. 겨울에 동남아라도 나가 골프를 치다 살짝 물어보면 하나 같이 부동산으로 재미를 본 사람들이다. 장사를 하는 사람 중에서도 열심히 하여 여윳돈이 생기면 융자 받아 부동산에 투자하는 사람은 한참 지나서 보면 자기 건물에서 장사를 한다. 그러나 그러지 않는 사람은 늘 남의 임대 상가에서 장사를 하고 있다.

장사하는 사람은 현금을 어느 정도 가지고 있어야 제철 식재료가 싸게 나올 때 대량으로 구입할 수 있다. 중요한 건 지금 하고 있는 가게보다 더 좋은 가게가 인근에 갑자기 나올 수 있기 때문에 자금 비축은 필수다. 여윳돈이 생기면 집도 물론 마련해야겠지만 미래에 본인 상가를 지을 수 있는 땅을 늘 찾아보고 관심을 집중해야 좋은 결과를 얻을 수 있다. 장사가 잘되어 돈을 많이 벌면 땅을 사 모으라는 것이다. 그래야 꿈이 현실이 된다.

요 몇 년 사이 제주, 평택, 세종 등의 부동산에 투자 못한 사람들 중에 상대적으로 소외감 들고 허탈해하는 사람이 아마 수도 없이 많을 것이다. 수십 년 대한민국 부동산을 보면 이유 불문하고 돈이 모이면 미래 가치가 있는 땅을 사야 한다. 10배, 100배씩 쉬다 올라가고, 오래 지나서 보면 또 계속 올라간다. 즉, 과감하게 잘 구입한 땅 1필지가 내 삶을 완전 바꿔놓는다.

이런 일이 한국만 있느냐 하면 아니다. 전 세계적인 현상이다. 최근 10년간 중국 도심 주택 가격을 보라. 상해 같은 곳은 매년 100%씩 올라간 수치가 나온다. 그러다 보니 도심에 살면서 부동산 맛을 본 사람과 시골 농민공 간 부의 차는 엄청나다. 등잔 밑이 어둡다고 내가 살고 있는 아파트 길목 농지 가격이 3~4년 전과 비교해보면 일부 계획 관리로 풀리면서 평당 50만 원 하던 땅이 지금은 500만 원이다. 10배가 오른 것이다.

열심히 일해 빠듯하게 살아가는 보통 사람들은 이런 일을 직접 목격하면 의욕상실증에 걸린다. 그렇다고 이걸 잡아 성공한 사람이 결코 대단한 사람도 아니다. 단지 남보다 먼저 보석을 알아보고 실행한 사람들일 뿐이다. 여러분도 종자돈을 만들어 눈 크게 뜨고 다니면서 보석을 찾아보길 바란다.

- 우리나라 지도 공부와 부동산 답사에 미쳐라
* 이 부분을 공부하면 로또가 따로 없다.

취미 생활을 하고 싶다면 우리나라 지도 공부와 부동산 답사부터 시작하라. 이유 불문하고 그대로만 한다면 지금 여윳돈이 한 푼 없는 당신도 10년 내 큰 부자 대열에 합류하리라 본다. 단언컨대 절대 빈말이 아니다. 이 책을 본 순간부터 경매 공부부터 시작하라. 2~3년 내 대한민국 부동산은 큰 기회의 장이 올 가능성이 농후한 상태다. 2019~2020년경 경매물권이 쏟아질 것이다. 그때를 대비하여 지금부터 공부를 철저히 하여 때가 오면 '사고' 한 번 치자는 것이다.

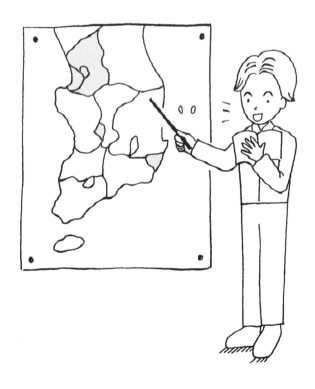

땅은 눈만 크게 뜨면 죄다 돈이다. 제일 먼저 차지한 사람만 성공하는 것도 아니고 제일 늦게 도착한 사람이 실패만 하는 것도 아니다. 땅에도 돈 되는 임자는 분명 따로 있다. 땅의 본질을 아는 것과 모르는 것은 본인 앞날에 부의 양극화를 가르는 분기점이 된다. 손바닥만 한 대한민국이다 보니 산지, 농지 다 빼고 나면 앞으로도 계속 좋은 땅 뺏기 전쟁일 수밖에 없다. 제주도에 부동산을 구입한 중국 사람들이 하는 말을 들어보면 남한 땅은 보물이라고 한다. 결국 그 보물을 누가 알아보느냐의 싸움이다.

나도 현재 가진 땅은 별로 없다. 그러나 30년간 부동산 내공을 쌓아왔기에 언제든 부자가 될 수 있는 여건을 갖추었다고 생각한다. 여러분에게 팁 하나 드리자면, 경제신문을 많이 봐야 한다. 그리고 중요한 건 스크랩을 해두어야 한다. TV에서 하는 경제 뉴스는 흘러버려도 괜찮다. 가짜들이 너무 많은 것이 현실이다. 강남 부동산 빌라 구입 정보에 대해서 많이들 이야기하는데 대부분 매입 순간 상투라고 보면 정답이다. 경제신문만 꼼꼼히 잘 챙겨보면 국내 경제 사정과 부동산 트렌드를 한 눈에 알 수 있다. 또 아주 중요하다고 생각되는 부분은 잘라서 본인 방 벽면에 붙여두고 수시로 봐야 감각이 살아있게 된다. 지금 내 방에도 여러 장 붙어 있는데 눈에 띄는 것은 2019년부터 고령화발 집값 붕괴가 본격화된다는 것이다. 이런 내용은 미리 암기해두도록 하자.

– 확실한 재테크, 좋은 땅은 어떤 계기만 생기면 값이 오른다
* 꼭 암기할 것!

사람 가는 곳에 땅값 올라가고, 새로운 길나는 데 땅값 올라가고, 공단이 생기거나 뭔가 새로운 게 생기면 땅값은 올라간다. 돈값이 싸지니까 주식이 많이 올라가면 그 끝에 땅값이 올라간다. IMF나 리먼 브라더스 사태 당시를 기억해보면 생각지도 못한 어떤 계기가 하늘이 준 기회일 수 있음을 깨닫게 된다.

지난 세월을 돌이켜보면 장사를 하면서 사업은 실패와 성공을 반복했고, 주식 투자는 늘 손해만 안겨주고, 아파트 투자는 즐거움을 줬으며, 땅 투자는 나를 춤추게 하는 보물을 선물했다. 그래서 누구 말대로 '땅은 거짓말하지 않고 황금 같은 것'인가 보다. 평생 갖고 싶은 땅을 샀다면 된장처럼 오랜 세월 묵혀야 황금이 된다.

재테크에서 부동산과 주식 투자는 기본 방식에서 똑같은 점이 한 가지 있다. 즉, 둘 다 완전 바닥에서는 살 수 없다는 것이다.

IMF 때 부동산이나 주식을 사고자 하는 사람이 없다 보니 끝없이 내려가 주가는 200포인트 언저리까지 내려갔고, 부동산 가격 또한 금리가 천정부지로 올라가니 똥값이 되었다. 그렇게 최저점을 찍은 후 바닥에서 1배 정도 올라왔을 때 공격적으로 과감히 부동산을 사고 주식을 매수해야 한다. 그리고 어느 정도 본인이 생각한 만족스러운 가격이 오면 아쉬움 남을 때 팔아야지 욕심 부리다 매도시기를 한 번 놓치면 오랜 기간 묵히게 되고 주식도 계속 고꾸라진다. IMF 때 최저 바닥을 찍은 후 주식은 단숨에 1,000P까지 올라갔다가 다시 400P까지 내려와 긴 조정으로 가는 걸 볼 수 있었다. 부동산도 원리는 똑같다. 나 혼자 다 먹지 말고 다른 사람 몫도 남겨둬야 한다.

장사하면서 재테크하기 ②
주식 투자

- 한 번도 성공하지 못한 나 홀로 주식 투자

나는 30대 초반부터 부동산 재테크에 관심이 많았고 주식 투자도 꾸준히 해왔는데, 부동산 재테크에는 어느 정도 성공적이었지만 주식 투자에는 지금까지 한 번도 성공을 못했다. 주식 투자 30년 동안 단 한 번도 대박을 맛본 적이 없다. 그렇다고 주식 공부를 안 한 것도 아니다. 아무리 바빠도 매일 저녁을 먹고 나면 1시간 정도는 그날 장을 꼭 점검하고 나름 내일 장을 준비해둔다. 평소에 경제 뉴스와 경제신문을 꼬박꼬박 챙겨보며 모두 메모 체크하는 게 몸에 배어있다. 내 스스로는 감각도 있다고 보는데 실전에서는 늘 매도가 빨라 손실만 봐왔다.

그나마 수십 년 주식시장에서 죽지 않고 살아남을 수 있었던 것은 부동산 재테크에 일정 분을 투자해두고 사업자금을 훼손하지 않으면서 여유자금으로만 배팅했기 때문이다. 아무리 좋은 장에서도 풀 배팅은 No. 분산투자를 원칙으로 하고 조금이라도 뭔가 이상한 징후가 보이면 즉각 매도했다.

IMF 때 8명의 투자방에서 1인당 1억에서 55억까지 투자하고 있었는데, 결국 나만 살아남고 모두 깡통이 되었다. 펀드매니저, 증권사 지점장 등등 수도 없는 고수들과 함께 주식을 해왔는데 대부분 재산을 다 날리고 지금 초라한 삶을 살아가는 경우를 많이 본다. 그래도 나는 지금까지도 그 장에서 살아남았다는 사실! 비록 주식 투자에서 성공을 거두지 못하고 철저히 실패했지만 큰 그림으로 보면 주식 투자를 하면서 쌓인 경제관념이 내 안에 축적되어 있다. 그래서 경제를 보는 눈도 넓고 밝아졌다. 이것이 결국 사업을 하는 데 도움이 된다. 이 일 또한 후회하지 않고 운명이라고 생각하는 이유다.

주식 투자를 계속 하는 것은 복권을 사는 것과 같은 마음이라고 본다. 복권을 사두면 추첨 결과가 나올 때까지 혹시나 하는 대박의 꿈을 꾼다. 주식 투자도 마찬가지다. 그런 기대로 오랜 세월

해온 것이다. 솔직히 주식을 끊어보려고 수도 없이 노력해봤지만 끊을 수 없었다. 살아있는 마약 같은 존재가 주식이다.

– 주식 하는 사람은 누구나 본인이 최고인 줄 착각한다

주식을 오랫동안 하고 있는 분이나 지금 한창 열정적으로 주식에 빠져 있는 분, 앞으로 주식 투자를 생각하고 있는 분들이라면 다음 사례들의 주식 결과를 냉정하게 봐주시고 판단은 각자 알아서 하길 바란다.

첫 번째 사례. 나와 십 수 년 전에 주식을 함께 한 '길펀드'라는 사람은 좋은 대학 나오고 머리도 좋은 사람이다. 신문사에서 근무하다 잘 나갈 때 금융으로 뛰어들어 펀드 일에서 직접 투자자로 변신했다. 종횡무진 달리다 좀 더 적극적으로 주식에 몰입하기 시작하면서 선물과 옵션까지 손을 댔다. 그리고 몇 년 만에 본인 재산과 부모 돈, 친인척 돈, 친구 돈까지 몽땅 잃고 신용불량자가 되었다. 그래도 미련을 못 버리고 FX 딜러까지 하다가 결국 파산하여 지금은 유치원 버스 운전으로 살고 있다. 그분이 마지막으로 한 말은 "젊은 날에는 내가 제일 똑똑한 줄 알았는데 지난 후에 보니 내가 제일 바보였다."는 것이다.

두 번째 사례. 일산 주엽 역세권에 가면 완공이 안 된 흉물스러운 건물을 볼 수 있는데, 그 비밀의 건물주와 나는 한 방에서 1997년 IMF 터지는 날까지 함께 주식을 했다. 그분은 지방에서 건설·유통 사업을 하면서 주엽 역세권 백화점, 마산 백화점 등 여러 곳에 공사를 한창 진행 중이었는데 우연찮게 주식시장에 잠시 들어왔다. 당시 IMF가 온다는 정보는 알았지만 그게 뭔지 몰라 무시하고는 매일 같이 매수한 주식이 빠지니까 회사 경리한테 아침마다 은행에서 돈을 찾아오도록 하여 물 타기로 '몰빵'했다. 그러다 IMF가 터지면서 그분은 55억 원이라는 큰돈을 날렸다. 마산 백화점 오픈 10일을 남기고 은행 융자가 중단되면서 부도 처리되었고 연쇄적으로 주엽역에 짓고 있던 백화점 공사까지 올스톱되었다. 그 후 모든 자산이 경매 처리되면서 개인 재산 600억 원이 한방에 날아가고 풍비박산이 났다.

세 번째 사례. TV 주식방송이나 신문을 통해 얼굴이 알려진 '최소장'이라는 애널리스트는 좋은 대학 출신으로 25년간 주식전문가로 활동했다. 그러다 수개월 전 큰 수술을 받고 요양 중에 있는데 설상가상으로 이혼까지 하게 되었다. 깊은 얘기를 들어보니 주식전문가이면서 지금 재산은 빈털터리이고 남은 건 망가진 몸뿐이라고 한다. 내가 마지막으로 "앞으로 주식은 어떻게 됩니까?"라고 물으니 그분이 하는 말, "차 사장님, 주식은 사기입니다."

마지막 사례. 내가 아는 또 한 분은 연세대 경영학과 출신에 현대자동차에서 최고 대우를 받던 분이다. 매일 주식공부 10시간 이상 하는 사람으로 글로벌 경제까지 빠삭하게 보고 있다. 컴퓨터도 잘하고 돈도 많았던 친구인데 주식에 몰입하여 선물과 옵션까지 하다가 모든 재산을 탕진하고 지금은 도를 닦으며 인생 수양 중이다.

- 개미 주식 투자자는 구조적으로 돈 벌기 어렵다
* 반복해서 읽을 것!

30년 동안 주식 투자하여 내가 내린 결론은 절대 대한민국에서는 주식으로 돈을 벌 수 없다는 것이다. 지금까지 30대 초중반 도배학원으로 번 돈 수억 원과 IMF 직전 장사하여 번 돈 수억 원 등 두 번의 큰 손실을 봤다. 주식으로 잃어버린 것은 돈뿐만이 아니다. 주식에 대한 미련 때문에 다른 곳에 투자 못하고 여기에 매달려 허송세월을 보냈다. 혼자서는 아무리 공부해도 부족한 듯하여 TV 등에서 국내 최고로 주식 잘한다는 투자 자문 사이트에 가입하고 강연도 수도 없이 다녔다. 단기, 중기, 장기 투자도 해보고 중소형주, 대형주, 우량주, 가치주, 테마주, 넝마주까지 솔직히 안 해본 짓 없이 별짓을 다해봤지만 주식은 안 됐다.

요행만 있을 뿐 정상적인 개인은 구조적으로 성공하기 어렵다. 그럼에도 불구하고 내가 지금도 주식을 하는 이유는 그동안 수많은 세월 가슴 쓸어내리며 힘들게 해온 것, 진흙탕에 빠져 허우적거렸던 시간이 억울해서 오기로 버티고 있는 것이다. 하지만 이제 나도 그만둘 때가 되었다. 이 책이 출판될 쯤에는 주식과는 이별을 하리라 생각은 하고 있는데 어떻게 될지는 모르겠다.

단, 주식도 부동산처럼 수년에 한 번씩 큰 장이 오는데 금융장세, 실적장세, 유동성장세 등등 하여 그 시절에 딱 부합하는 주도주가 나온다. 이때는 대장주에 집 팔고, 논 팔아 한번쯤 인생을 걸만도 하다. 돌아보면 한때 건설주 → 철강, 조선주 → 자산주 → 증권주 → 테마주 → 바이오주 → 화장품주 등으로 초대박이 난 적이 있다. 실제로 그때 대장주에 올라타 단돈 몇 천만 원으로 수백, 수천 억 자산부자가 된 사람도 수두룩하고 영웅 반열에 올라간 사람도 있다.

결과적으로 부동산이든 주식이든 대세장이 한 번 오면 남다른 전략을 가진 사람은 그때를 놓치지 않고 돈을 쓸어 담는다. 같은 맥락으로 볼 때 부동산 또한 10년 주기로 큰 대세장이 왔는데, 가까이는 IMF 때와 리먼 브라더스 사태의 금융위기로 2008년 이후부터 2012년까지 대 바닥일 때 토개공 미분양 근생, 상업지에 몰빵한 사람들은 작년까지 그야말로 돈을 쓸어 담았다고 볼 수 있다. 앞으로는 어떤 '주'가 유망할까? 반도체 장비주가 아닐까 싶다. 주식 투자를 할 생각이라면 참고하길 바란다.

지금 기억해둬야 할
투자의 핵심

　마지막으로 장사를 하면서 투자를 할 때 반드시 기억해야 할 투자의 핵심만 정리하고 끝내도록 하겠다. 한 가지 분명히 해둘 것은 투자도 안정적인 사업이 뒷받침 될 때 하라는 것이다. 한마디로 주객이 전도되어서는 안 된다. 부동산이나 주식으로 재미 좀 봤다고 하고 있는 사업을 등한시하면 결국 후회할 일만 남게 될 것이다.

　지난날을 돌아보면 IMF 때도 부동산과 주식이 대 바닥을 쳤는데 그때가 바로 기회였고, 2008년 금융위기가 왔을 때 그게 뭔지도 모르고 많은 사람들이 아파트와 부동산에 열광했을 때가 상투였다. 그 후 2012~2013년에 모든 부동산이 한심할 정도로 불황일 때 팔고자 하는 매물이 홍수를 이뤄 처분하지 못해 발을 동동 구를 때가 다시 바닥이었다. 그 당시 우량하고 똘똘한 물건을 냉정한 눈으로 선별하여 구입해놓은 사람들은 요즘 함박웃음을 짓고 있을 것이다.

현재 우리 주변을 둘러보면 어느 곳이나 빌라와 아파트 등 집들이 홍수를 이루고 시골 깊은 곳까지 전원주택 등으로 몸살이다. 제주·서귀포를 봐도 예전에 보지 못한 일들이 일어나고 있다. 어제의 밀감 밭이 주택과 카페 등으로 몸살이다. 평택과 세종시 인근, 속초까지 3~4년 전과는 비교가 안 될 정도의 부동산 가격에 놀라움을 금치 못한다. 제주, 평택과 도심 주변 물권은 형편없는 매물까지 높은 가격에 거래가 된다. 마치 2008년의 상투 때를 보는 듯하다.

투자는 이럴 때를 극히 조심해야 한다. 과열된 분위기에 잘못된 판단을 하여 자신도 모르게 투자의 무덤인 최악의 상투에 꼼짝없이 물릴 수가 있다. 부동산 투자는 시간 싸움이다. 토지 투자는 3년에서 10년은 내다보고 해야 하고, 혐오시설, 고압선 근처, 시골 동네 한복판 땅, 작게 조각내서 파는 땅들은 피하는 것이 좋다. 평생 보유하고 싶은 땅을 사야 한다.

상가 투자의 경우 여기저기 빈 가게가 많이 보이고 신규 분양 가게도 미분양이 속출할 때, 모두가 상가를 잡으면 큰일 난다고 할 때가 바닥이다. 몫 좋은 상가를 골라 사두는 지혜가 필요하다. 경기가 회복되면 좋은 상가는 부르는 게 값이다. 지금 상가 투자는 아주 조심할 때다.

주식도 개미투자자는 1년 내내 하지 말고 장이 어떤 계기로 패닉 상태나 큰 대세 상승 초기라고 매스컴에서 떠들 때만 보석 같은 고성장 1등주에 1년 이상 장기 투자를 해야 승부를 본다. 개인투자자가 1년 내내 주식을 팔고 사는 건 백전백패다. 그리고 세월이 지난 후에야 이런 말을 하게 된다. 주식은 사기라고.

아무쪼록 건강한 몸과 마음으로 신나는 외식 창업에도 성공하시어 사방천지 보이는 돈을 잘 쓸어 담으시길 바란다. 그리고 차곡차곡 쌓은 경험과 여윳돈으로 투자에도 성공하여 부자가 되길 빌겠다.